Uwe Heilemann · Norge med Willy

AF222344

Sieben Jahre, von April 1933 bis Juni 1940, lebte und arbeitete der spätere SPD-Vorsitzende und Bundeskanzler Willy Brandt als politischer Flüchtling in Norwegen. Im Rückblick bezeichnete er diese Zeit als seine »Lehr- und Wanderjahre«. Der vorliegende Reiseführer lädt dazu ein, das Land der Fjelle und der Fjorde auf seinen Spuren zu erkunden.

Der Autor (Jg. 1960), der sich beruflich als Verwaltungsjurist betätigt, ist erfahrener Norwegen-Urlauber. Die Idee zu seinem Buch kam ihm beim Besuch einer von der Friedrich-Ebert-Stiftung veranstalteten Ausstellung über den Lebensweg Willy Brandts im Rathaus von Oslo.

Uwe Heilemann

Norge med Willy

Durch Norwegen
auf den Spuren von
Willy Brandt

Mit einem Vorwort von Hans-Jochen Vogel

Titelfoto:
Willy Brandt mit norwegischer
Studentenmütze (ca. 1934)
Archiv der sozialen Demokratie
der Friedrich-Ebert-Stiftung

4. Auflage 2013
© 2003 Uwe Heilemann
Satz und Layout: Buch & media GmbH, München
Umschlaggestaltung: Christian Strohmayr,
Atelier Lehmacher Friedberg (Bay.)
Herstellungund Verlag: BoD – Books on Demand
Printed in Germany
ISBN 978-3-8330-0876-4

Inhalt

Vorwort

An Reiseführern aller Art ist wahrlich kein Mangel. Dieser sticht aus der Fülle kaum mehr zu überschauender Angebote hervor, weil er eine enge Verbindung zwischen einem Land und einer großen Persönlichkeit herstellt. Einer Persönlichkeit, die selbst von außen in dieses Land kam – nämlich zwischen Willy Brandt und Norwegen.

Gewiß: Willy Brandt kam nicht als Tourist. Er kam als Flüchtling, der Deutschland im April 1933 wegen der ihm von Seiten des NS-Regimes drohenden Verfolgung verlassen mußte und sodann bis zum Jahre 1940 in Norwegen eine wichtige Phase seines Lebens verbrachte. Eine Phase, deren Bedeutung für seine politische Sozialisation und seine späteren Leistungen für die Bundesrepublik nicht hoch genug veranschlagt werden kann.

Uwe Heilemann läßt den Touristen in diesem Buch Norwegen auf den Spuren Willy Brandts kennen lernen. Dabei erschließt sich dem Leser nicht nur die besondere Schönheit der norwegischen Landschaft und der eigentümliche Charakter der norwegischen Städte. Vielmehr erfährt er zugleich, was Willy Brandt seinerzeit an diesen Orten – also beispielsweise in Oslo und in Bergen oder an den Fjorden – erlebte und was er dort gelernt und getan hat. Die Reise verhilft dem, der sie anhand dieses Buches unternimmt, nicht nur zu neuen Eindrücken, sondern zu einer Erweiterung seines Gesichtskreises in mehrfacher Hinsicht und erinnert ihn auch an Ereignisse der Vergangenheit, die vor dem Vergessen bewahrt werden sollten.

Ich begrüße daher, daß ein solches Buch aus eigener Initiative des Verfassers erscheint und wünsche ihm eine gute Aufnahme.

München, im Juli 2003   Dr. Hans-Jochen Vogel

Flucht in den Norden

»Tysker søker asyl« (»Deutscher beantragt Asyl«) – mit diesem Aufmacher präsentierte sich die Trondheimer »Adresseavisen«, Norwegens älteste Tageszeitung, am 24. Mai 1993 ihren Lesern. Die Geschichte hinter der Neugier erweckenden Schlagzeile ist schnell erzählt: Auf der Flucht vor Hetze, Stress und Ärger in seiner Heimat hatte ein junger deutscher Bankangestellter vor den ob dieses Ansinnens sprachlosen Beamten des Trondheimer Polizeipräsidiums um Asyl in Norwegen nachgesucht. Stress als Asylgrund? – die norwegische Ausländerbehörde sah sich mit einem Fall konfrontiert, der in ihren Richtlinien nicht vorgesehen war. Doch glücklicherweise kam ihr bereits nach kurzer Zeit die Familie des so sehr aus dem Rahmen fallenden Asylbewerbers zu Hilfe. Ihr gelang es, den verlorenen Sohn zu einer Rückkehr in die Heimat zu überreden und eine Entscheidung über seinen Asylantrag hierdurch entbehrlich zu machen. Den weitgehend problemlosen deutsch-norwegischen Beziehungen dürfte damit eine einschneidende Belastungsprobe erspart geblieben sein.

Ungleich ernster als in dieser vergnüglichen Episode waren die Umstände, die einen anderen jungen Deutschen sechs Jahrzehnte zuvor zum Asylbewerber in Norwegen werden ließen. Auf der Flucht vor den in seiner Heimat an die Macht gekommenen Nazis

9

und mit dem Auftrag, sich um einen Ausbau der Zusammenarbeit zwischen seiner Partei, der Sozialistischen Arbeiterpartei Deutschlands (SAP), und der Norwegischen Arbeiterpartei (NAP) zu bemühen, kam der gerade 19-jährige Schiffsmaklerlehrling Herbert Frahm aus Lübeck im April 1933 in die norwegische Hauptstadt Oslo. Er ging damals davon aus, dass die Diktatur der Braunhemden und sein hierdurch erzwungenes Exil längstens vier Jahre dauern würden. Doch erst im November 1945 sollte er in seine nunmehr in Trümmern liegende Heimat zurückkehren, als norwegischer Staatsbürger und mit einem neuen Namen: Willy Brandt. Der vorliegende Reiseführer folgt seinem Weg durch Norwegen.

Von Lübeck nach Oslo

Auf dem Weg nach Norwegen kann man sich selbstverständlich in Frankfurt, München oder Hamburg einer Linienmaschine der Lufthansa anvertrauen und nach einer Flugzeit von eineinhalb bis zwei Stunden auf dem 50 km nordöstlich der Osloer Innenstadt gelegenen Flughafen Gardermoen norwegischen Boden betreten. Seit dem Bau der Öresundbrücke zwischen der dänischen Hauptstadt Kopenhagen und dem schwedischen Malmö besteht auch die Möglichkeit, die skandinavische Halbinsel von Deutschland aus auf dem Landweg zu erreichen, ohne hierzu einen zeitraubenden Umweg über Polen, Russland und Finnland in Kauf nehmen zu müssen. Als die mit Abstand interessanteste und stimmungsvollste Art und Weise, sich der norwegischen Hauptstadt zu nähern, dürfte jedoch die Anreise auf dem Seeweg anzusehen sein.

Der Höhepunkt einer Schiffsreise nach Oslo erwartet den Passagier hierbei auf deren letztem Abschnitt: Die Fahrt durch den gut 100 km langen Oslofjord. Zwar entspricht diese breite Wasserstraße mit ihren flachen Ufern nicht gerade den Vorstellungen, die man gemeinhin mit einem norwegischen Fjord verbindet. Gleichwohl vermittelt die abwechslungsreiche Szenerie aus sattgrünen Wäldern, weiß schimmernden Sandstränden, bunt gewürfelten Fischer-

und Ferienhäusern, friedlich schlummernden Inseln und geschäftigen kleinen Städten einen Lust auf mehr weckenden ersten Eindruck von der vielgestaltigen Schönheit Norwegens. An seinem nördlichen Ende wird der Fjord hufeisenförmig von der norwegischen Hauptstadt umfasst, die mit ihrem nur durch den Rathausplatz vom Ufer getrennten Rathaus den Besucher willkommen heißt.

Auch Willy Brandt erreichte die erste Station seines Exils auf diesem Wege. Mit Hilfe des Fischers Paul Stooß glückte ihm in der Nacht vom 1. auf den 2. April 1933 an Bord des Fischkutters »TRA 10« die Flucht von Travemünde nach Rødbyhavn auf der dänischen Insel Lolland. Von hier aus fuhr er mit der Eisenbahn weiter nach Kopenhagen, wo er drei Tage später einen Dritte-Klasse-Platz auf dem norwegischen Dampfer »Dronning Maud« belegte. Am 7. April 1933 ging er in Oslo an Land.

Zwischen Fjord und Fjell

»Nicht besonders schön, aber dafür um so schöner gelegen« – so beschreibt Willy Brandt seinen ersten Eindruck von der bei seiner Ankunft etwa 250.000 Einwohner zählenden Hauptstadt des Königreiches Norwegen in seinen 1982 erschienenen Erinnerungen »Links und frei«.[1] Ob er am ersten Teil dieses Urteils heute noch festhalten würde, darf in Zweifel gezogen werden. In den letzten drei Jahrzehnten hat sich das Gesicht der mittlerweile auf über 600.000 Einwohner angewachsenen Metropole – begünstigt durch die für eine gut gefüllte Staatskasse sorgenden Konzessionseinnahmen aus der Öl- und Gasförderung in der Nordsee – stärker gewandelt, als das anderer europäischer Städte von vergleichbarer Größenordnung. Der durch die Innenstadt führende Straßen- und Schienenverkehr wurde zu einem erheblichen Teil unter die Erde verbannt und selbst am Himmel über Oslo ist durch die 1998 erfolgte Stilllegung des Stadtflughafens Fornebu eine Verkehrsberuhigung eingetreten. Die alten Fabrikgebäude an den Ufern des die Stadt durchfließenden Akerselv sind modernen Bürohäusern und gepflegten Grünstreifen gewichen. Im nördlich des Hauptbahnhofes gelegenen Stadtteil Vaterland sucht man die verruchten Absteigen, in denen sich in Knut Hamsums 1890 erschienenem Roman »Hunger«

[1] Brandt, Willy: Links und frei (Hamburg 1982), S. 82

Matrosen, Dirnen und gescheiterte Literaten begegnen, heutzutage vergebens. Stattdessen ist hier das mit 37 Stockwerken höchste Hotel Skandinaviens, das »Oslo-Plaza«, in den Himmel gewachsen. Gewandelt hat sich aber nicht nur das bauliche Erscheinungsbild der Stadt, sondern auch ihre Atmosphäre. Eine weitgehende Liberalisierung der einstmals strengen Sperrzeitregelungen und Ausschankbeschränkungen für alkoholische Getränke hat in ihrem Zentrum, in dem vor noch nicht allzu langer Zeit am Abend die Bürgersteige hochgeklappt wurden, eine Kneipen- und Restaurantszene entstehen lassen, die mit der deutscher Großstädte ohne weiteres konkurrieren kann. Und wenn an sonnigen Frühlings- und Sommertagen Scharen von leichtgekleideten und sonnengebräunten Menschen auf der vom Hauptbahnhof zum Königlichen Schloss führenden Karl Johans gate flanieren und die Rasenflächen der Grünanlagen zu Liegewiesen werden, würde man die kleinste der skandinavischen Hauptstädte eher an den Gestaden des Mittelmeers denn an einem Ausläufer der Nordsee vermuten. In den schattigen Gartenlokalen des Studenterlunden, einer beliebten innerstädtischen Parkanlage zwischen Nationaltheater und Universität, können sich an lauen Sommerabenden (die hier durchaus nicht selten sind) vielleicht sogar biergartenverwöhnte Bayern trotz der horrenden Preise für alkoholische Getränke ein wenig heimisch fühlen. Am augenfälligsten sind alle diese Veränderungen am westlichen Ufer der unmittelbar vor dem Rathaus endenden Pipervika-Bucht, wo auf dem früheren Werft- und Fabrikgelände von »Akers mekaniske Verkstad« in den achtziger Jahren des vorigen Jahrhunderts mit »Aker Brygge« ein vielbesuchtes

Einkaufs- und Freizeitzentrum mit Dutzenden von exklusiven Geschäften und Restaurants entstanden ist. Der eindrucksvolle Kontrast, den die moderne Architektur dieser Glitzerwelt mit der am östlichen Ufer der Bucht gelegenen mittelalterlichen Festung »Akershus« bildet, kann geradezu als Symbol für den im Großen und Ganzen gelungenen Spagat des Landes zwischen Tradition und Moderne angesehen werden.

Alle baulichen Veränderungen der letzten Jahrzehnte überdauert hat hingegen die einmalige Lage der norwegischen Hauptstadt zwischen der bis in ihr Zentrum hineinreichenden Wasserfläche des Oslofjordes und den sie umgebenden Höhenzügen der Oslomarka. Lediglich ein Fünftel des 454 km² umfassenden Stadtgebietes ist bebaut, der Rest besteht aus Grünflächen, Inseln, Seen und vor allem aus Wald. Nicht einmal eine halbe Stunde dauert eine Fahrt mit der T-Bahnlinie 1 (das »T« steht zwar für »Tunnel«, doch verkehrt die Bahn nur innerhalb des Stadtzentrums unterirdisch) von der Station Majorstuen zum Hausberg der norwegischen Hauptstadt, dem 371 m über dem Fjord gelegenen Holmenkollen mit seiner 1892 eröffneten und sechs Jahrzehnte danach als Wettkampfstätte der VI. Olympischen Winterspiele zu weltweiter Bekanntheit gelangten Weitsprungschanze oder zur noch etwas höher gelegenen Frogneralm, einem beliebten Ausflugslokal, von dessen Terrasse aus man einen herrlichen Fernblick über Stadt und Fjord genießen kann und das einen idealen Ausgangspunkt für Wanderungen durch das weitläufige Waldgebiet der Oslomarka darstellt. An den Wochenenden der Sommermonate kann von hier aus jener Teil der

Stadtbevölkerung, den es zur Erholung unter das grüne Dach harzduftender Bäume zieht, das Treiben derjenigen Mitbürger beobachten, die auf unzähligen Motor- und Segelbooten die blau schimmernde Oberfläche des Fjords bevölkern. An den Wochenenden der Wintermonate trifft sich hingegen die gesamte frischluftsüchtige Einwohnerschaft der Stadt auf den die Wälder der Oslomarka durchziehenden Langlaufloipen, die streckenweise sogar beleuchtet sind.

Auch Willy Brandt unternahm hier, wie er sich in »Links und frei« erinnerte, Sonntags »fast immer mehrstündige Wanderungen, zur Winterszeit auf Skiern«.[2] (Norwegischen Maßstäben genügende Fähigkeiten im Umgang mit diesen Sportgeräten hat er sich hierbei allerdings offensichtlich nicht angeeignet: »Er lernte es nie richtig« urteilte Rut Brandt in ihren Erinnerungen »Freundesland« ungnädig über die Skikünste ihres geschiedenen Mannes).[3]

Nicht schön, aber schön gelegen: Osloer Stadtsilhouette zwischen Meer und Bergen.

[2] Wie Anm. 1)
[3] Brandt, Rut: Freundesland (Hamburg 1992), S. 273

16

Asylland Norwegen

Nur wenig mehr als zwei Monate liegen zwischen jenem verhängnisvollen 30. Januar 1933, an dem mit der Ernennung Adolf Hitlers zum Reichskanzler die Herrschaft des Nationalsozialismus in Deutschland ihren Anfang nahm, und der Ankunft Willy Brandts in Norwegen. Brandt war damit einer der ersten politischen Flüchtlinge aus dem Deutschen Reich, die in diesem Land Aufnahme fanden. Die genaue Zahl der verfolgten Deutschen, für die Norwegen in den folgenden Jahren zur Zufluchtsstätte wurde, ist nicht bekannt. Nach offiziellen norwegischen Statistiken hielten sich im Jahre 1940 etwa 840 deutsche Flüchtlinge im Lande auf. Willy Brandt schätzte in »Links und frei«, dass zu jener Zeit etwa 1.000 »missliebige Personen« aus dem Deutschen Reich in Norwegen ansässig waren.[4] Neuere wissenschaftliche Untersuchungen gehen demgegenüber davon aus, dass die tatsächliche Zahl der deutschen Flüchtlinge in Norwegen etwa doppelt so hoch gelegen haben dürfte. In Anbetracht des nach Hunderttausenden zählenden Flüchtlingsstroms aus dem Deutschen Reich mag auch diese Zahl nicht übermäßig eindrucksvoll erscheinen. Gemessen an seiner Größe (Norwegen zählte zu jener Zeit nicht einmal drei Millionen Einwohner) hat das Land damit jedoch gleichwohl

---

[4] Wie Anm. 1), S. 290

beachtliche Anstrengungen zur Rettung von Naziverfolgten unternommen.

»Die Norweger nahmen mich auf ihre zunächst abwartende, doch freundliche und hilfsbereite Art bei sich auf.«

Willy Brandt[5]

Die meisten Betroffenen hatten offenbar das Gefühl, es in Norwegen besser getroffen zu haben, als Schicksalsgenossen in anderen Asylländern. In den veröffentlichten Aufzeichnungen deutscher Norwegenflüchtlinge über ihre Exilerlebnisse wiederholen sich Berichte über die Freundlichkeit und die Hilfsbereitschaft, die ihnen von der Bevölkerung ihres Gastlandes entgegengebracht wurden. Dieser positive Eindruck wird insbesondere von solchen Autoren hervorgehoben, die Vergleichsmöglichkeiten hatten. Ein Beispiel hierfür ist der Journalist Max Barth, der vor seinem Aufenthalt in Norwegen bereits Asylerfahrungen in der Schweiz, in Frankreich, in Spanien und in der Tschechoslowakei gesammelt hatte und der danach auch noch das Flüchtlingsdasein in Schweden und in den USA kennen lernte. Im Rückblick erschienen ihm jene fünf Monate, die er auf der südnorwegischen Insel Tromøy verbracht hatte, als die schönste Zeit seines Exils. Zwar hatte er hier unter einer schwierigen finanziellen Lage zu leiden, doch dafür »waren alle Menschen freundlich und die Mädchen am freundlichsten«.[6]

---

[5] Wie Anm. 1), S. 83
[6] Barth, Max: Flucht in die Welt (Waldkirch 1986), S. 122

18

Weniger einheitlich erlebten die deutschen Flüchtlinge demgegenüber ihre Behandlung durch die norwegische Polizei und andere Behörden ihres Gastlandes. Zwar trafen sie offenbar auch hier überwiegend auf Wohlwollen und menschliche Anteilnahme. Daneben existieren jedoch auch Berichte über abweisendes oder gar schikanöses Verhalten der norwegischen Obrigkeit gegenüber Flüchtlingen. Willy Brandt hatte beispielsweise mit der norwegischen Ausländerpolizei bereits zu Beginn seines Aufenthaltes in Oslo derart unangenehme Erfahrungen gemacht, dass ihn – wie wir von ihm in »Links und frei« erfahren – »selbst die sympathischen berittenen Verkehrspolizisten in der norwegischen Hauptstadt beunruhigten«.[7] Einen Vergleich mit dem Auftreten ihrer Kollegen in anderen Asylländern brauchen die norwegischen Staatsdiener jedoch gleichwohl nicht zu scheuen. So blieb etwa dem zuvor bereits zitierten Journalisten Max Barth in Erinnerung, dass er in norwegischen Amtsstuben niemals angebrüllt wurde oder gar stillzustehen hatte, wie es ihm während seines Aufenthaltes in der Tschechoslowakei nicht selten widerfahren war. Als besonders wohltuend erlebte er das Bemühen des norwegischen Verwaltungspersonals, sich mit ihm in seiner Muttersprache zu verständigen. Auch an Unterbringung und Verpflegung gab es offenbar nur wenig auszusetzen. »Manch ein Genosse hat es vorher in seinem ganzen Leben noch nie so gut gehabt«, lobte beispielsweise die »Sudeten-Freiheit«, eine Exilzeitschrift sudetendeutscher Sozialdemokraten, die Verhältnisse in zu Flüchtlingsunterkünften umfunktionierten Ferien-

---

[7] Wie Anm. 1), S. 80

heimen der norwegischen Gewerkschaften. Dennoch blieben die Lebensbedingungen im hohen Norden für viele deutsche Flüchtlinge gewöhnungsbedürftig. Die ungewohnt langen und dunklen Winter konnten hierbei ebenso auf die Stimmung drücken, wie der durch eine restriktive Alkoholpolitik verursachte Mangel an »geistigen« Getränken. Ungeachtet derartiger Widrigkeiten blieben jedoch nicht wenige von ihnen nach dem Ende der Nazidiktatur dauerhaft in Norwegen oder kehrten aus ihrem Zweitexil in Schweden oder Großbritannien in dieses Land zurück.

»Meine neue Wirtin war eine alte Frau; sie hinkte und kam abends manchmal in mein Zimmer und bewies mir aus der Bibel, dass es mit Hitler ein Ende nehmen werde, und zwar kein gutes. Mir wars recht.«

Max Barth
(Deutscher Journalist, 1938 – 1940 Exil in Norwegen)[8]

Das am Rande des europäischen Kontinents gelegene und bezüglich seiner klimatischen Verhältnisse nicht mit dem allerbesten Ruf behaftete Norwegen dürfte für die Wenigsten derer, die hier Aufnahme fanden, das Wunschziel ihrer Flucht gewesen sein. Prominente Künstler oder Spitzenpolitiker der untergegangenen Weimarer Republik, die ihr Exilland mehr oder weniger frei wählen konnten, sind unter den deutschen Norwegenflüchtlingen daher kaum zu finden. Sie zog es vorzugsweise in die Schweiz, nach

[8] Wie Anm. 6), S. 139

Frankreich, Großbritannien oder über den Atlantik in die Vereinigten Staaten. Zu den wenigen Ausnahmen von diesem Befund zählt der Grafiker und Dichter (»In einem Garten blühen Lilien. Sie blühen munter und sie schilien…«)[9] Kurt Schwitters. Der Mitbegründer der »Dada«-Bewegung in Deutschland, dessen Collagen auf der von der »Reichskulturkammer« des NS-Staates veranstalteten Wanderausstellung »Entartete Kunst« der Kategorie »vollendeter Wahnsinn« zugeordnet wurden, übersiedelte Anfang 1937 mit Sohn, Schwiegertochter und seiner Schreibmaschine Erika nach Lysaker am Oslofjord. Zwar war ihm Norwegen durch frühere Arbeits- und Urlaubsaufenthalte bereits einigermaßen vertraut, doch zeigten die eher bodenständigen Bewohner dieses Landes nur wenig Interesse an seinem eigenwilligen Kunststil. »Aber was mir hier besonders fehlt, ist der Verkehr und die Aussprache mit Leuten, die die abstrakte Kunst lieben und verstehen, denn das gibt es hier nicht« – beklagte er sich in einem Brief in die Heimat.[10] Schwitters war daher gezwungen, seinen Lebensunterhalt durch Porträt- und Landschaftsmalereien zu verdienen. Zu seinen wichtigsten Kunden wurden hierbei alsbald deutsche »Kraft durch Freude«-Urlauber, die zumeist nicht die geringste Ahnung davon hatten, dass sie mit ihrem Reisegepäck Werke

---

[9] Schwitters, Kurt: Gedicht aus Norwegen für Helma. Zitiert nach Lach, Friedhelm (Hrsg.): Kurt Schwitters – das literarische Werk, Band 1, Lyrik (Köln 1998), S. 119

[10] Schwitters, Kurt: Wir spielen, bis uns der Tod abholt. Briefe aus fünf Jahrzehnten. Gesammelt, ausgewählt und kommentiert von Ernst Nündel (Frankfurt a.M. – Berlin 1975), S. 210. Zitiert nach Nündel, Ernst: Schwitters, 3. Aufl. (Reinbek bei Hamburg), S. 108

eines verfemten Künstlers in das Land brachten, in dem für ihn selbst kein Platz mehr war. Weitere nicht ganz unbekannte Vertreter der deutschen Kulturszene, die sich nach der Flucht aus ihrer Heimat in Norwegen niederließen, waren der Maler Bruno Krauskopf, der Objektkünstler Rolf Nesch und der als Mitarbeiter der Münchner Satirezeitschrift »Simplizissimus« bekannt gewordene Karikaturist Thomas Theodor Heine.

»Als ich zur norwegischen Polizei kam, begrüßte mich einer der großen Polizisten mit einem herzlichen Händedruck und fragte mich teilnahmsvoll: ›Ist es nicht schrecklich, Flüchtling zu sein?‹«

Otto Friedländer
(Deutscher Journalist, 1938 – 1940 Exil in Norwegen)[11]

Auch eine Reihe angesehener Wissenschaftler, die Deutschland aus politischen oder rassischen Gründen verlassen mussten, fanden in Norwegen Aufenthalts- und Arbeitsmöglichkeiten. Als Beispiele seien in diesem Zusammenhang der Chemiker Victor Moritz Goldschmidt, die Physikerin Hertha Dorothea Sponer und die Psychoanalytiker Otto Fenichel und Wilhelm Reich genannt. Willy Brandt kam mit den beiden zuletzt genannten über seine ihm aus Lübeck nachgereiste Lebensgefährtin Gertrud Meyer in Kontakt, die zuerst für Fenichel und danach für Reich als Sekretärin arbeitete.

[11] Zitiert nach Lorenz, Einhart: Exil in Norwegen (Baden-Baden 1992), S. 122

> »*Obwohl wir nicht miteinander sprechen konnten, sahen wir überall freundliche Menschen. Wir fühlten uns wie auf einem anderen Planeten.*«
>
> *Wenzel Stuchly*
> *(Sudetendeutscher Sozialdemokrat und Gewerkschafter,*
> *1939 – 1940 Exil in Norwegen)[12]*

Die bekanntesten Politiker der Weimarer Republik, die für kurze oder längere Zeit Aufnahme in Norwegen fanden, waren die ehemaligen Reichstagsabgeordneten Paul Dietrich, Josef Miller, Max Seydewitz, Hanna Sandtner, Ernst Wollweber und Anna Zammert sowie deren Landtagskollegen Hans Beck, Karl Böchel, Gustav Gundelach und Hermann Matern. Einige der Genannten machten nach dem Krieg im östlichen Teil Deutschlands Karriere: Max Seydewitz, der aus der SPD kam und nach seinem Parteiausschluss im Jahre 1931 die SAP mitbegründet hatte, fand über die KPD zur SED und wurde 1947 Ministerpräsident des Landes Sachsen. Hermann Matern, der als Abgeordneter der KPD dem preußischen Landtag angehört hatte, wurde 1949 als Vertreter der SED in die Volkskammer der DDR entsandt und schließlich deren Vizepräsident. Das ehemalige Mitglied des Zentralkomitees der KPD Ernst Wollweber brachte es in der DDR gar zum Minister für Staatssicherheit, wurde jedoch bereits nach kurzer

---

[12] Stuchly, Wenzel: Den långa Vägen från Böhmen till Småland (Stockholm 1981), S. 260. Zitiert nach Lorenz (Anm. 11), S. 120

Amtszeit wegen »Fraktionstätigkeit« abgesetzt und aus dem Zentralkomitee der SED ausgeschlossen. Aber auch im westlichen Teil Deutschlands blieb Willy Brandt nicht der einzige Norwegenflüchtling, der nach seiner Rückkehr aus der Emigration wichtige politische Aufgaben in seiner Heimat übernahm. So begegnete Brandt in der SPD-Fraktion des 1949 gewählten ersten Deutschen Bundestages mit Peter Blachstein und Paul Bromme gleich zwei Schicksalsgefährten aus der Norwegenemigration. Bromme, wie Brandt aus Lübeck stammend, wurde später Wirtschaftssenator seiner Heimatstadt, Blachstein Botschafter der Bundesrepublik Deutschland in Jugoslawien.

»Die Norweger haben in dunkelster Zeit mein Leben gerettet; ihr Verstehen gab mir die Möglichkeit, Wurzeln zu schlagen und mich zu entwickeln. Alle Schönheit der Landschaft wird für mich übertroffen von dem wahren Menschentum, das in diesem Volke so lange schon eine unverlierbare Heimstätte hat. Darum kann ich nie dankbar genug sein, dass mir hier die Kraft zugewachsen ist, mitzuhelfen, die Wege der Versöhnung zu bahnen.«

Max Tau
(Deutscher Schriftsteller und erster Träger des Friedenspreises des deutschen Buchhandels, 1938 Emigration nach Norwegen, wo er auch nach dem Ende der Nazidiktatur blieb)[13]

[13] Merian Monatsheft 3/XXI, S. 39

Stadtrundgang Oslo

Die problemlose Bewältigung des im Folgenden beschriebenen, gut 10 km langen und streckenweise stark ansteigenden Rundweges setzt eine zumindest durchschnittliche körperliche Kondition voraus. Beabsichtigt man, auch der einen oder anderen Sehenswürdigkeit am Rande des Weges Beachtung zu schenken, so sollte man für diesen Programmpunkt einen vollen Tag einplanen. Ein gut geeigneter Ort für eine kleine Verschnaufpause ist der auf dem Weg gelegene Botanische Garten der Universität Oslo, in dessen Cafeteria man sich auch mit einem kleinen Imbiss stärken kann. Eine gewisse Erleichterung bei der Bewältigung der Strecke kann man sich dadurch verschaffen, dass man den Abschnitt vom Botanischen Garten zum Stadtteil Sinsen mit der Straßenbahn zurücklegt (Linie 17 von der Haltestelle Lakkegata skole bis zur Haltestelle Rosenhoff).

Einen idealen Ausgangs- und Endpunkt für einen Rundgang durch die norwegische Hauptstadt auf den Spuren von Willy Brandt stellt die am westlichen Ende der Karl Johans gate gelegene Universität dar. Der markante klassizistische Gebäudekomplex wurde in den Jahren 1841 bis 1854 durch den norwegischen Architekten Christian Henrik Grosch erbaut. Die auffällige Ähnlichkeit seines Mittelbaus mit der »Neuen Wache« in Berlin und anderen

Bauwerken des preußischen Hofarchitekten Karl Friedrich Schinkel ist alles andere als Zufall: Grosch hatte seine Baupläne vor ihrer Verwirklichung seinem berühmten deutschen Kollegen zur Begutachtung und Überarbeitung vorgelegt. Die Gebäude beherbergen seit einigen Jahren nur noch Teile der Juristischen Fakultät (so unter anderem das für das erdölexportierende Norwegen sicherlich nicht unwichtige »Institut für Ölrecht«), die übrigen Einrichtungen der Hochschule, an der heute mehr als 30.000 Studenten akademischen Weihen entgegenstreben, sind im Stadtteil Blindern zu finden.

*Erfolgreiche Studienabbrecher: Willy Brandts Geschichtsstudium an der **Universität Oslo** blieb umständebedingt ohne Abschluss. Auch der Dramatiker Henrik Ibsen, der Polarforscher Roald Amundsen und der Völkerkundler Thor Heyerdahl verließen die im Jahre 1811 gegründete Hochschule ohne Examen in der Tasche.*

Der Lebensweg Willy Brandts ist mit der Osloer Universität gleich auf mehrfache Weise verknüpft. Zu Beginn seines Aufenthaltes in Norwegen versuchte er hier, sich vor den wachsamen Augen der auf ihn aufmerksam gewordenen Ausländerpolizei seines Gastlandes als politisch uninteressierter Student der Geschichte zu tarnen. »Glückliches Land, in dem Emigranten sich solchen Aufgaben stellen können,« kommentierte Jakob Walcher, der in Paris residierende Leiter der Auslandszentrale der SAP, im November 1934 die mit der Note »gut« bestandene philosophische Vorprüfung seines Osloer Verbindungsmannes. Neun Jahre später, im November 1943, drängten dramatische Ereignisse den zwischenzeitlich in Stockholm lebenden Brandt, sich publizistisch mit dem Schicksal seiner früheren Ausbildungsstätte zu beschäftigen. Die deutsche Besatzungsmacht hatte auf Proteste gegen den Versuch einer stärkeren politischen Einflussnahme auf den Lehrbetrieb der Hochschule mit einer massenhaften Inhaftierung von Studenten und Professoren reagiert. Viele der Festgenommenen wurden in deutsche Konzentrationslager verschleppt und die Hochschule für den Rest des Semesters geschlossen. In einer Broschüre mit dem Titel »Oslo-universitetet i kamp« (»Die Osloer Universität im Kampf«) informierte Brandt die schwedische Öffentlichkeit über diese Entwicklung in ihrem Nachbarland. Weitere 28 Jahre später trat der Schauplatz seines kurzzeitigen akademischen Gastspiels noch einmal in sein Leben, diesmal jedoch in einem ungleich erfreulicheren Zusammenhang: Am 10. Dezember 1971 wurde er in der Aula der Hochschule mit dem Friedensnobelpreis ausgezeichnet. Seit 1990 wird dieser Preis zwar aus Platzgründen nicht mehr hier, sondern im Festsaal des Rathauses überreicht. Die mit drei prachtvollen Wandmalereien

Edvard Munchs (»Alma Mater«, »Die Sonne« und »Die Geschichte«) geschmückte Universitätsaula lohnt jedoch gleichwohl eine kurze Besichtigung.

»Ich verstehe diese Stunde auch so, dass wir uns hier miteinander denen nahe fühlen, die ihrer Überzeugung wegen Opfer bringen und die doch nicht aufhören, für Frieden und Gerechtigkeit zu kämpfen.«

Willy Brandt
in seiner Dankesrede aus Anlass
der Verleihung des Friedensnobelpreises

Der Weg unseres Stadtrundganges führt zunächst durch die an der Ostseite des Universitätskomplexes von der Karl Johans gate abzweigende Universitetsgata. Hier verdient das an der rechten Straßenseite gelegene Antiquariat der Buchhandlung Norli unsere Aufmerksamkeit. Bücherfreunde finden hier eine reichhaltige Auswahl der Werke, die Willy Brandt in den Kriegs- und Nachkriegsjahren über den Kriegsverlauf, die Situation im besetzten Norwegen, die politische Neugestaltung Europas nach dem Ende des Krieges und die Kriegsverbrecherprozesse in Nürnberg verfasst hat.

Am Rande des Weges: Die Nationalgalerie

Der nach dem Vorbild des Königsbaus der »Münchner Residenz« konzipierte Prachtbau an der linken

Straßenseite der Universitetsgata beherbergt die größte Kunstsammlung Norwegens. Ihr Fundus umfasst neben 4.400 Gemälden und 1.000 Skulpturen auch mehr als 40.000 Zeichnungen und Grafiken. Der überwiegende Teil der Ausstellungsfläche ist hierbei zwar der durch Künstlerpersönlichkeiten wie die Nationalromantiker Johan Christian Dahl (»Stalheim«) und Adolph Tidemand (»Brautfahrt am Hardangerfjord«), den Naturalisten Christian Krohg (»Albertine im Wartezimmer des Polizeiarztes«) und den Expressionisten Edvard Munch (»Der Schrei«) geprägten norwegischen Malerei des 19. und frühen 20. Jahrhunderts gewidmet. Jedoch muss der Besucher auch auf einen Blick über die künstlerischen Grenzen des Landes hinaus nicht verzichten. Von Peter Paul Rubens bis Pablo Picasso haben alle wichtigen Epochen der europäischen Kunstgeschichte und ihre führenden Protagonisten in diesem Musentempel ihren Platz gefunden. Auch einige der aus Stoff, Steinen und Metallteilen geschaffenen Werke des in dem Kapitel »Asylland Norwegen« erwähnten Objektkünstlers Rolf Nesch werden hier der Öffentlichkeit zugänglich gemacht. Welcher unheilbringende Zeitgenosse den Künstler zu seiner 1940 fertig gestellten Skulptur »Attila der Hunne« inspiriert haben dürfte, ist unschwer zu erraten.

An der zweiten Straßenkreuzung folgen wir der hier von der Universitetsgata nach rechts abzweigenden Kristian Augusts gate zum nahe gelegenen Hambros plass. Diesen verlassen wir über die Teatergata, die nach etwa 100 m auf die Akersgata trifft. Auf dieser Straße, in der einst die großen Tageszeitungen der norwegischen Hauptstadt ihre Redaktionszentralen hatten, wenden wir uns erneut nach rechts und erreichen nach wenigen Schritten den auf der linken Straßenseite gelegenen Johan Nygaardsvolds plass, den wir ebenso überqueren, wie den sich an ihn anschließenden Einar Gerhardsens plass. Die auffallend unauffälligen Bürohochhäuser im Umfeld dieser beiden Plätze beherbergen die Ministerien der norwegischen Staatsregierung. Die Eva Kolstads gate führt uns nun geradewegs zum Youngstorget, der auf seiner Nordseite durch Folkets hus, der Zentrale des norwegischen Gewerkschaftsdachverbandes LO, und auf seiner Ostseite durch das Volkstheatergebäude begrenzt wird. In diesem 1928 errichteten Hochhaus hatte von 1934 bis 1988 die Redaktion des »Arbeiderbladet« ihren Sitz. Willy Brandt war während seiner Emigrationszeit und auch noch viele Jahre nach seiner Rückkehr nach Deutschland ein unermüdlicher Mitarbeiter dieses Flaggschiffs der NAP-Presse. Mit dessen langjährigem Chefredakteur Martin Tranmæl, der in der norwegischen Arbeiterbewegung eine weit über diese Funktion hinausgehende Rolle gespielt hat, verband ihn eine enge persönliche Freundschaft. In »Links und frei« hat er diesem politischen Weggefährten ein eigenes Kapitel gewidmet. Das »Arbeiderbladet« sucht man heute an den norwegischen Zeitungskiosken übrigens vergebens. Die traditionsreiche Tageszeitung erscheint seit 1997 unter dem Titel »Dagsavisen« und wurde 1999 von der Arbeiterpartei unabhängig.

*Nicht nur Theater: Das **Volkstheatergebäude** beherbergt nicht nur Norwegens größte Musicalbühne, sondern auch den Parteivorstand der Norwegischen Arbeiterpartei.*

Wir verlassen den Youngstorget durch die Fuß-
gängerpassage des Volkstheatergebäudes, die uns

auf die Storgata führt. Während der Osloer Jahre Willy Brandts befand sich in dieser Ladenpassage ein Fotostudio, in dem sich deutsche Nazigegner für konspirative Auslandsreisen nicht nur mit Passbildern, sondern praktischerweise auch gleich mit kompletten Pässen jeder gewünschten Nationalität und auf jeden gewünschten Namen ausstatten lassen konnten. Auf der Storgata wenden wir uns zunächst nach links und biegen sodann nach etwa 100 m in die hier nach rechts abzweigende Brugata ab. Diese Straße führt direkt auf die den Akerselv überquerende Vaterlandsbru und nennt sich auf der gegenüberliegenden Seite dieses Flusses zunächst Grønland und in ihrem weiteren Verlauf schließlich Grønlandsleiret. Dem Verlauf dieser Straße folgend erreichen wir etwa 500 m nach Überquerung der Vaterlandsbru die auf der linken Straßenseite gelegene Grønlandskirche. An dieser Stelle zweigt auf der rechten Straßenseite die Hollendergata vom Grønlandsleiret ab. In dem 1899 errichteten Wohnhaus Nr. 2/III dieser kleinen Seitenstraße hatte Willy Brandt, nachdem er sich bis dahin mit möblierten Zimmern als Obdach hatte begnügen müssen, ab 1935 zusammen mit seiner bereits erwähnten Lebensgefährtin Gertrud Meyer seine erste richtige Wohnung in Oslo. Die Osloer Bürgervereinigung »Gesellschaft für das Wohl der Stadt« hat an dem Gebäude eine Gedenktafel angebracht, die an seinen später prominent gewordenen Bewohner erinnert.

Zurückgekehrt zum Grønlandsleiret wenden wir uns auf dieser Straße zunächst nach links und biegen dann nach etwa 300 m in die nach rechts abzweigende

Hollendergata 2: Willy Brandts Adresse von 1935 bis 1937.

Tøyengata ab. Diese Straße führt uns direkt zum 1814 eröffneten Botanischen Garten der Universität Oslo, auf dessen 14 ha großem Gelände mit einem prachtvollen alten Baumbestand neben Gewächshäusern mit tropischen Pflanzen auch das Zoologische-, das Geologische- und das Botanische Museum der Universität ihren Standort gefunden haben. Wir durchqueren diese beschauliche Parkanlage und verlassen sie an ihrem westlichen Ausgang zur Sars gate. Auf dieser Straße wenden wir uns wiederum nach rechts und folgen ihr bis zur Finnmarkgata, die uns über den Carl Berners plass zum vielbefahrenen Trondheimsveien führt. Nach etwa 500 m, kurz hinter der Straßenbahnhaltestelle Rosenhoff, zweigt nach rechts hin der Båhusveien von dieser Straße ab. Diese Straße führt mitten hinein in den zwischen 1934 und 1939 erbauten Stadtteil Sinsen, in dem Willy Brandt und viele andere deutsche Naziflüchtlinge eine stadtnah und doch im Grünen gelegene Unterkunft fanden. Brandt wohnte ab 1937 in den parallel zum Båhusveien verlaufenden Schouterrassen (Wohnblock VII, Aufgang 32, 5. Stock).

Am Rande des Weges: Das Munch-Museum

Edvard Munch ist ohne Zweifel der international bekannteste norwegische Maler. Objekte seines Schaffens sind vom Rathaus über die Nationalgalerie und die Aula der Universität bis zur Werkskantine der Schokoladenfabrik »Freya« an vielen Stellen in Oslo präsent. Kurz vor seinem Tod im Jahre 1944 vermachte er seiner Heimatstadt sämtliche in seinem Besitz verbliebenen Werke: 1.100 Bilder, 4.500 Zeichnungen und nicht weniger als 18.000 Grafiken. Seit 1963 kann dieser Kunstschatz in dem am Ende der Tøyengata gelegenen Munch-Museum besichtigt werden.

Über den Båhusveien kehren wir zurück zum Trondheimsveien und gelangen, diesen geradewegs überquerend, in die Jørgen Løvlands gate. Diese Straße mündet in die Rosenhoffgata, auf der wir uns nach rechts wenden und so in die Fagernheimgata geleitet werden. Dem Verlauf dieser Straße folgend erreichen wir alsbald die nach rechts hin abzweigende Sannergata, auf der wir über die Sannerbru wieder auf das westliche Ufer des Akerselv zurückfinden. Die Sannergata wird nun zur Waldemar Thranes gate, der wir bis zum Alexander Kiellands plass folgen. Auf dieser lang gezogenen Grünanlage wenden wir uns nach links und verlassen sie über den Maridalsveien. Diese Straße führt uns nun nach etwa 500 m zu dem auf der rechten Seite in sie einmündenden Telthusbakken, einem ebenso schmalen wie steilen Sträßchen mit gut erhaltenen und noch bewohnten Holzhäusern aus dem 18. und 19. Jahrhundert. Am oberen Ende dieser Straße erwartet uns der Akersveien, auf dem wir uns nochmals nach links wenden und nach etwa 50 m den auf der rechten Straßenseite gelegenen Eingang zum Vår Frelsers gravlund (Erlöserfriedhof) erreichen. Was der Zentralfriedhof für Wien oder Père Lachaise für Paris ist diese zu Beginn des 19. Jahrhunderts angelegte Begräbnisstätte für die norwegische Hauptstadt. Hier haben sich Bankdirektoren, Fabrikanten, Schiffsreeder und andere Großbürger im Schatten der Grabsteine noch prominenterer Landsleute, wie etwa der Maler Christian Krohg und Edvard Munch oder der Schriftsteller Bjørnstjerne Bjørnson und Henrik Ibsen, zur letzten Ruhe versammelt. Durchquert man diese fast 9 ha große Grünanlage geradewegs vom Eingang Akersveien zum Ausgang Ullevålsveien, so passiert man nach gut der Hälfte der etwa 300 m langen Wegstrecke die auf der linken Seite des Weges gelegenen und durch ein gemeinsames Grabmal miteinander verbundenen Ehrengräber von Viggo Hansteen und Rolf Wickstrøm. Die beiden Gewerkschafter waren im September 1941 wegen ihrer Beteiligung an der Organisation eines Streiks gegen eine Kürzung der Lebensmittelrationen für die Arbeiter in den Osloer Betrieben von der deutschen Besatzungsmacht zum Tode verurteilt und hingerichtet worden. Auf dem sich an ihre Ruhestätte anschließenden Gräberfeld wurde zwischen Marcus Thrane, einem revolutionären Arbeiterführer des 19. Jahrhunderts, und Carl Joachim Hambro, einer der prägenden Gestalten der konservativen »Høyre«-Partei, der zuvor erwähnte frühere Chefredakteur des »Arbeiderbladet«, Martin Tranmæl, beigesetzt. Gelegentlich sollen an dieser Stelle des Friedhofs aus weiter Ferne recht lebhafte Diskussionen zu hören sein.

Am Rande des Weges: Die Gamle Aker kirke

Wendet man sich an der Einmündung des Telthusbakken in den Akersveien nicht nach rechts, sondern in die entgegengesetzte Richtung, so gelangt man nach wenigen Schritten zur Gamle Aker kirke (alte Aker Kirche). Das aus Kalksteinblöcken errichtete Gotteshaus wurde bereits im Jahre 1080 erstmals urkundlich erwähnt und ist damit das älteste noch erhaltene Bauwerk der norwegischen Hauptstadt. Die Literaturnobelpreisträgerin Sigrid Undset hat diese Kirche zu einem wichtigen Schauplatz ihres im Mittelalter spielenden Romans »Kristin Lavranstocher« gemacht und während der deutschen Besatzungszeit wurde in ihrer Krypta der Sarg der 1938 verstorbenen Königin Maud verborgen gehalten. Umgeben ist die Kirche von einem nahezu gleichaltrigen Friedhof, von dem aus man einen Blick auf die tiefer gelegenen östlichen Stadtteile Oslos werfen kann.

Wir verlassen den Vår Frelsers gravlund über dessen Ausgang Ullevålsveien, wenden uns auf dieser Straße nach links und folgen ihr bis zur auf der linken Straßenseite gelegenen St. Olavs Kirche, dem größten katholischen Gotteshaus der norwegischen Hauptstadt. Die hier nach rechts abzweigende St. Olavs gata führt uns über den St. Olavs plass zur Pilestredet, auf der wir uns nochmals nach links wenden und so zu dem auf der rechten Seite der Straße gelegenen Gebäude mit der Hausnummer 15 B gelangen. In diesem Wohn- und Geschäftshaus befand sich früher die Pension »Themis«, in der Willy Brandt im Sommer 1945 in der Zeit zwischen seiner Rückkehr aus Stockholm und seiner Weiterreise nach Deutschland gewohnt hat.

Die Pilestredet endet auf dem uns bereits bekannten Hambros plass. Wir verlassen diesen über die Rosenkrantz gate und kehren auf dieser zur Karl Johans gate zurück. An der Kreuzung der beiden Straßen passieren wir noch das im Jahre 1874 eröffnete Grand Hotel. Das im Erdgeschoss dieser Nobelherberge gelegene Grand Café zählte in seinen Glanzzeiten zu Beginn des 20. Jahrhunderts zahlreiche Künstler, wie etwa Henrik Ibsen und Edvard Munch, zu seinen

Stammgästen. In seinem 1893 erschienenen Roman »Neue Erde« hat Knut Hamsun diesem »Szenetreff« und seinen illustren Besuchern ein nicht ganz unkritisches literarisches Denkmal gesetzt. Das »Grand« kann für sich den Ruhm in Anspruch nehmen, fast alle Friedensnobelpreisträger in seinen Mauern beherbergt zu haben. Auch Willy Brandt nächtigte hier und wurde nach der feierlichen Preisverleihung in der Universitätsaula vor diesem Gebäude von den Jugendorganisationen der norwegischen Parteien traditionsgemäß mit einem Fackelzug geehrt.

Die Stadt und der Preis

Das in Frieden mit sich selbst und seinen Nachbarn lebende Norwegen genießt nur selten die Aufmerksamkeit der internationalen Medien. Doch einmal im Jahr ist es gerade ein mit dem Thema »Frieden« in Zusammenhang stehendes Ereignis, das Journalisten aus aller Welt in seine Hauptstadt lockt: Die Verleihung des Friedensnobelpreises.

Gestiftet wurde diese begehrte Auszeichnung von dem schwedischen Chemiker und Industriellen Alfred Nobel, dem die Welt unter anderem die Erfindung des Dynamits zu verdanken hat. In seinem 1895 errichteten Testament setzte er neben entsprechenden Preisen auf den Gebieten Chemie, Physik, Medizin und Literatur auch einen jährlich zu vergebenden Preis für denjenigen aus, der im vorangegangenen Jahr »die meiste oder beste Arbeit für die Verbrüderung der Nationen, für die Abschaffung oder Reduzierung stehender Heere oder für die Abhaltung und Förderung von Friedenskongressen geleistet hat«. Die sicherlich nicht ganz einfache Aufgabe, diese Person oder Institution ausfindig zu machen, wurde – der testamentarischen Anordnung des Stifters entsprechend – einem fünfköpfigen Komitee übertragen, dessen Mitglieder vom norwegischen Parlament gewählt werden und das seit 1905 in einer alten Bürgervilla am Randes des Osloer Schlossparks (Ecke Parkveien/Drammensveien) residiert. Bis 1946 wurde der Preis hier auch übergeben, danach bis 1989 in der Universitätsaula. Seit 1990 findet die Zeremonie in der geräumigeren Eingangshalle des Rathauses statt.

Vor Willy Brandt, der den Preis im Jahre 1971 als Anerkennung für seine Ostpolitik erhielt, war drei Deutschen diese Ehrung zuteil geworden: Dem Politiker Gustav Stresemann (1926), dem Historiker Ludwig Quidde (1927) und dem Journalisten Carl von Ossietzky (1936 für 1935). Dem Letztgenannten war es tragischerweise nicht vergönnt, die ihm verliehene Auszeichnung auch in Empfang zu nehmen. Der frühere Chefredakteur der »Weltbühne«, einer linksliberalen Wochenzeitschrift der Weimarer Republik mit renommierten Autoren wie Kurt Tucholsky und Erich Kästner, war bereits in den ersten Tagen der Nazidiktatur in »Schutzhaft« genommen worden und hatte ein mehrjähriges

Martyrium in dem berüchtigten Moorlager Papenburg-Esterwegen nur knapp überlebt. Das zu jener Zeit gerade intensiv und nicht ohne Erfolg um eine Verbesserung seines internationalen Ansehens bemühte braune Regime empfand die auf weltweite Beachtung stoßende Ehrung des seinen Überzeugungen treu gebliebenen Demokraten und Pazifisten als tiefe Schmach. Wie nicht anders zu erwarten, wurde dem Geehrten keine Ausreiseerlaubnis zur Preisverleihung erteilt. Darüber hinaus erging am 17. November 1936 ein »Führererlass«, durch den deutschen Staatsbürgern die Annahme des Nobelpreises für alle Zeiten verboten wurde. Von Ossietzky starb am 4. Mai 1938, noch keine 50 Jahre alt, an einer Tbc-Infektion, die er sich während seiner KZ-Haft zugezogen hatte. Der sechs Jahre zuvor von ihm geprägte Satz, dass politischer Journalismus sich nicht als Lebensversicherung eigne, hatte damit eine traurige Bestätigung erfahren. *Es war Willy Brandt, der das Schicksal des verfolgten deutschen Journalisten der norwegischen Öffentlichkeit in zahlreichen Zeitungsartikeln nahe gebracht und die Entscheidung des Nobelkomitees für Carl von Ossietzky damit nicht unwesentlich beeinflusst hatte. In seinem Ehrenvortrag aus Anlass der Verleihung des Friedensnobelpreises an ihn selbst würdigte er diese Entscheidung als »moralischen Sieg über die damals herrschenden Mächte der Barbarei«.*

Und sonst in Oslo

Der vorangegangene Stadtrundgang zu Orten, die mit Willy Brandt in Verbindung zu bringen sind, hat bereits zu einigen interessanten Sehenswürdigkeiten der norwegischen Hauptstadt oder an ihnen vorbei geführt. Gleichwohl hat die Metropole selbstverständlich noch einiges mehr zu bieten. Ohne Anspruch auf auch nur annähernde Vollständigkeit soll daher im Folgenden noch auf eine Reihe weiterer beachtenswerter Ziele in Oslo hingewiesen werden.

Zwischen Kultur ...

Festung Akershus mit Heimatfrontmuseum

Die das Ostufer der Pipervika-Bucht beherrschende Festung Akershus wurde um das Jahr 1300 angelegt. In der ersten Hälfte des 17. Jahrhunderts ließ der dänisch-norwegische König Christian IV. (nach ihm trug Oslo zwischen 1624 und 1924 den Namen »Christiania«) sie erweitern und im Schutze ihrer Mauern ein prachtvolles Schloss im zeitgenössischen Renaissance-Stil errichten, das heute von der norwegischen Regierung für Staatsempfänge und sonstige repräsentative Zwecke genutzt wird. In der Gruft der Garnisonskirche finden die Mitglieder des norwegischen Königshauses ihre letzte Ruhe. Auf dem ausgedehnten Festungsgelände führt noch immer das Militär das Kommando. Der Besucher bekommt dies zu spüren, wenn er es wagen sollte, eine als Sperrgebiet ausgewiesene Fläche zu betreten und prompt von einem unvermittelt auftauchenden Uniformträger zur Ordnung gerufen wird.

Bis zur deutschen Besetzung des Landes war die Festung Akershus niemals von feindlichen Streitkräften erobert worden. Während der Besatzungszeit hatten die deutschen Truppen in Norwegen hier ihr Hauptquartier. Auch der damalige Marinestabsrichter und spätere baden-württembergische Ministerpräsident Hans Filbinger, nach dem Urteil Willy Brandts »sicherlich nicht zu den Schlimmsten« gehörend[14], sorgte hier mit Todesurteilen gegen fahnenflüchtige deutsche Soldaten bis in die letzten Kriegstage hinein für die »Aufrechterhaltung der Manneszucht«. Auf dem westlichen Wall der Festung steht ein aus dem 17. Jahrhundert stammendes Fachwerkhaus, in dem ein 1970 eröffnetes Museum die Erinnerung an diese dunkle Zeit wach halten soll: Das Norwegische Heimatfront-Museum. Ein düsterer, gut 200 m langer Rundgang führt den Besucher hier auf zwei Stockwerken durch die Zeit von 1940 bis 1945. Flugblätter, Untergrundsender, Waffen der Marke »Eigenbau« und ähnliche Ausstellungsstücke dokumentieren im Verlauf dieses Weges die Aktivitäten der norwegischen Widerstandsbewegung gegen die deutsche Besatzungsmacht. Deren Repressionsmaßnahmen werden ebenfalls anschaulich dargestellt. Todesur-

---

[14] Wie Anm. 1), S. 381

teile, Hinrichtungsszenen, das Modell eines Konzentrationslagers und Folterwerkzeuge der Geheimen Staatspolizei vermitteln einen nachhaltigen Eindruck von den Schrecken jener Jahre. Zeitgenössische Tondokumente, wie etwa die auch heute noch unter die Haut gehende »Blut-Tränen-und-Schweiss«-Rede des britischen Premierministers Winston Churchill, runden das Ausstellungsangebot ab. Etwas unterhalb des Museumsgebäudes erinnert ein Mahnmal an 42 norwegische Widerstandskämpfer, die noch kurz vor Kriegsende an dieser Stelle hingerichtet wurden.

Museumsinsel Bygdøy

Geradezu mit Museen gepflastert ist die im vornehmen Westen Oslos gelegene Halbinsel Bygdøy, die mit einem am Hauptbahnhof abfahrenden Linienbus (Linie 30) und in den Sommermonaten auch mit einer am Rathaus ablegenden Fähre zu erreichen ist.

Direkt an der Anlegestelle der Fähre auf der Insel warten das Schifffahrts,- das Fram- und das Kon-Tiki-Museum auf Besucher. Das erstgenannte dieser drei Museen gibt einen chronologischen Überblick über die Entwicklung der Seefahrt von den ausgehöhlten Baumstämmen der Vorzeit bis zu den überdimensionierten Öltankern der Gegenwart. Gezeigt werden hierbei nicht nur zahlreiche Schiffsmodelle, sondern auch Inneneinrichtungen und Ausrüstungsgegenstände. Wichtigstes Ausstellungsstück des Fram-Museums ist der legendäre Dreimastschoner »Fram« (zu deutsch »Vorwärts«), auf dem sich der Polarforscher Fridtjof

Nansen und seine Mannschaft im Jahre 1893 in das arktische Eis einschließen ließen, um mit Hilfe der natürlichen Strömung der Eismassen zum Nordpol vorzustoßen. Nansen hat dieses Ziel im Verlauf der insgesamt drei Jahre dauernden Eisfahrt zwar nicht ganz erreicht, seine durch dieses verwegene Unternehmen erworbene Popularität war jedoch die Grundlage für seine nachfolgende politische und diplomatische Karriere, während der er einen wesentlichen Beitrag zur friedlichen Auflösung der Union zwischen Schweden und Norwegen geleistet hat, zahlreiche Hilfsaktionen für Kriegsgefangene und Hungernde in aller Welt organisierte und schließlich mehr als 50 Staaten für die Idee eines international anerkannten Passes für staatenlose Flüchtlinge gewinnen konnte. Im Jahre 1922 wurde dieses Engagement durch die Verleihung des Friedensnobelpreises gewürdigt. Nansens Landsmann Roald Amundsen nutzte die »Fram« bei der Eroberung des Südpols im Jahre 1911, um mit ihr an den Rand der antarktischen Eiswüste vorzustoßen. Das Kon-Tiki-Museum, dessen Eingang von dem des Fram-Museums nur durch eine Straße getrennt ist, präsentiert jene wackeligen Balsaholzflöße und Papyrusboote, auf denen einige Jahrzehnte später der Völkerkundler Thor Heyerdahl die Weltmeere bezwang.

»Nächstenliebe ist Realpolitik – die einzig mögliche.«

Fridtjof Nansen

Noch weiter zurück in die norwegische Seefahrtsgeschichte führt das etwa einen Kilometer entfernt gelegene Wikingerschiffshaus. Hier werden drei mehr oder weniger gut erhaltene Holzschiffe aus der Wikingerzeit ausgestellt, die gegen Ende des 19. Jahrhunderts in Südnorwegen entdeckt und ausgegraben wurden. Mit Schiffen dieser Art versetzten die Vorfahren der heutigen Norweger im 9. und 10. Jahrhundert nicht nur das übrige Europa in Angst und Schrecken. Sie besiedelten hiermit auch Island und Grönland und betraten, rund 500 Jahre vor Christoph Kolumbus, als erste Europäer amerikanischen Boden. Im Umfeld der ausgestellten Wikingerschiffe, die zuletzt als überdimensionierte Totenschreine für verstorbene Häuptlinge Verwendung gefunden hatten, fanden sich bei den Ausgrabungen Bekleidungsstücke, Schmuck, Waffen, Werkzeuge, Spiele, Haushaltsgeräte, Körperpflegeutensilien und andere Gebrauchsgegenstände – eben alles, auf das ein rechter Wikinger nach Auffassung der Zurückgebliebenen auf seiner großen Überfahrt nach Walhall nicht verzichten konnte. Auch diese Fundstücke werden im Wikingerschiffshaus den Besuchern präsentiert.

In der Mitte der Halbinsel finden wir schließlich das Norwegische Volkskundemuseum. Auf einer Fläche von 14 ha werden hier mehr als 150 Bauernhöfe, Wohnhäuser und Werkstätten aus allen Teilen Norwegens und aus allen Zeitepochen zwischen dem Mittelalter und der Gegenwart ausgestellt. Schmuckstück der Sammlung ist die aus dem 13. Jahrhundert stammende Stabkirche von Gol im Hallingdal. Dass dieses Meisterwerk mittelalterlicher Baukunst nicht – wie viele andere Stabkirchen – als Brennholz endete, ist dem schwedisch-norwegischen König Oscar II. zu verdanken. Er ließ die Einzelteile des Gotteshauses, das im Jahre 1882 an seinem ursprünglichen Standort demontiert worden war, nach Oslo transportieren und an seinem jetzigen Standort, der zu jener Zeit zu einem königlichen Hofgut gehörte, wieder aufbauen. Seinem Vorvorgänger Oscar I. verdankt die Nachwelt das etwa 300 m vom Eingang des Volkskundemuseums entfernt und direkt am Fjordufer gelegene Schloss Oscarshall. Das pittoreske Jagdschloss in neugotischem Stil (Vorbild war Schloss Babelsberg in Potsdam) beherbergt heute eine Kunstsammlung mit Werken der norwegischen Nationalromantik.

Frognerpark mit Vigelandsanlage

Den Charakter eines Freiluftmuseums besitzt auch der nordwestlich des Osloer Stadtzentrums gelegene und mit den Straßenbahnen der Linie 12 erreichbare Frognerpark, in dem entlang einer 850 m langen Achse mehr als 200 Bronze- und Granitskulpturen des Bildhauers Gustav Vigeland aufgestellt wurden. Unter den Figuren auf der Eingangsbrücke über den Frognerweiher fällt insbesondere der Sinnataggen (Trotzkopf) ins Auge, die absolut lebensechte Darstellung eines tobenden kleinen Jungen. Paare, die sich mit dem Gedanken an Nachwuchs tragen, könnten durch den Anblick dieser Plastik durchaus dazu veranlasst werden, sich dieses Vorhaben noch einmal gründlich zu überlegen. Im Mittelpunkt der Anlage steht der Monolith, eine 17 m hohe Granitsäule mit 121 ineinander verschlungenen Menschenfiguren. Drei Steinmetze waren 14 Jahre lang damit beschäftigt, diese Großskulptur, die das Streben der Menschheit nach geistigem Licht und höherer Erkenntnis symbolisieren soll, nach Vorgabe eines von dem Künstler erschaffenen Modells aus einem riesigen Granitblock herauszumeißeln. Den Abschluss der Skulpturenzeile bildet ein aus Menschenfiguren geflochtenes Lebensrad, das für den ewigen Kreislauf von Werden und Vergehen steht. Das teilweise recht martialisch anmutende Gesamtkunstwerk trifft sicherlich nicht jedermanns Geschmack, doch wird wohl auch kaum jemand gänzlich unbeeindruckt von ihm bleiben.

Rathaus

Museumscharakter besitzt schließlich auch das am Nordufer der Pipervika-Bucht des Oslofjordes platzierte Rathaus, dessen mit 1,5 Millionen bräunlichen Ziegeln verkleidete Fassade schon manchen Betrachter an den landestypischen karamellisierten Ziegenkäse »Geitost« erinnert hat. Der Bau dieses stilistisch zwischen Klassizismus und Funktionalismus angesiedelten Backsteinkolosses wurde bereits im Jahre 1931 begonnen, konnte jedoch kriegsbedingt erst im Jahre 1950 abgeschlossen werden. Die Turmuhr an der Fjordseite des 66 m hohen Ostturms (der Westturm ist – das Auge täuscht nicht – 3 m niedriger) ist mit einem Durchmesser von 8,60 m die zweitgrößte Europas. Zum Repertoire des den Ostturm krönenden Glockenspiels gehört unter anderem das »Morgenerwachen« aus Griegs »Peer-Gynt-Suite«, das mit seiner stimmungsvollen Melodie allmorgendlich um 7 Uhr den neuen Tag begrüßt. Auch wer das Äußere des Gebäudes nicht gerade als Augenweide empfindet, sollte auf eine nähere Betrachtung seines Innenlebens nicht verzichten. In der rundum mit Wandmalereien zur Geschichte der Stadt und des Landes verzierten großen Eingangshalle des Mittelbaus wird seit 1990 alljährlich am 10. Dezember, dem Todestag des Stifters, der Friedensnobelpreis verliehen. Den Blickfang bildet hier das von Henrik Sørensen geschaffene Ölgemälde »Arbeit, Verwaltung und Fest«, das mit einer Größe von 13 x 24 m die Südwand des Raumes vollständig ausfüllt. Eine bedrückende Stimmung vermittelt das die Fläche unter dem Balkon der Ostwand beherrschende »Besatzungsfries«, auf dem Alf Rolfsen die Schrecken der Kriegsjahre in ausdrucksvollen Bildern verarbeitet hat. Politisch ausgewogen präsentiert sich die dem Fjord zugewandte Verlängerung der Halle: Einer von den Osloer Gewerkschaften finanzierten Darstellung der »Arbeiterbewegung« an der Ostwand dieses Gebäudeteils steht hier auf dessen Westwand eine exakt gleich große Darstellung des Themas »Handel und Gewerbe« gegenüber, die von der Börse der Stadt gespendet wurde. Auch in den im zweiten Stock dieses Gebäudeteils gelegenen Repräsentationsräumen, die allesamt für die Öffentlichkeit zugänglich sind, wurde an »Kunst am Bau« nicht gespart. Nahezu alle bedeutenden norwegischen Maler der ersten Hälfte des 20. Jahrhunderts haben hier ihre Spuren hinterlassen. Aus den großflächigen Fensterfronten an der Südseite des Gebäudes eröffnet sich ein ungehinderter Ausblick auf den nahen Oslofjord und seine Inselwelt.

War bei Willy Brandts Ankunft in Oslo noch eine Baustelle: Das **Rathaus** *der norwegischen Hauptstadt.*

… und Natur

Oslomarka

Die norwegische Hauptstadt ist, es wurde bereits erwähnt, von Wasser und Wald umgeben. Erholung in der freien Natur ist daher weder für ihre Bewohner noch für ihre Besucher mit weiten Anfahrtswegen verbunden. Ein beliebter Ausgangspunkt für

Wanderungen durch die Oslomarka, das die Stadt im Westen, Norden und Osten halbkreisförmig umschließende Waldgebiet (dank dessen Oslo auch etwa 500 Elche und eine nicht zuverlässig zu schätzende Zahl von Trollen zum Kreis seiner Einwohner zählen kann), ist die 469 m hoch gelegene Endstation der auch als Holmenkollenbahn bekannten T-Bahnlinie 1, die von der Haltestelle Nationaltheater aus in etwas mehr als einer halben Stunde Fahrtzeit zu erreichen ist. Wem es gelingt, sich einen Sitzplatz auf der in Fahrtrichtung linken Fensterseite der Bahn zu erobern (am besten entgegen der Fahrtrichtung), der kann beobachten, wie diese sich im Verlauf der Strecke kontinuierlich immer weiter in die Höhe schraubt und hierdurch eine immer besser werdende Fernsicht auf das zurückbleibende Häusermeer der norwegischen Hauptstadt und ihren vielarmig in sie hineingreifenden Fjord eröffnet. Direkt am Bahnsteig der Endstation haben zahlreiche markierte Wanderwege ihren Ausgangspunkt. Für den Anfang zu empfehlen ist beispielsweise der ungefähr 3 km lange Weg über das bereits erwähnte Ausflugslokal Frognerseteren (Frogneralm) zur legendären Holmenkollen-Skischanze, in deren Nachbarschaft neben einem weiteren Ausflugslokal mit traumhafter Fernsicht auch ein Skimuseum mit Objekten aus 4.000 Jahren Skigeschichte zu einem Besuch einlädt. Das Erlebnis eines Absprungs von der Skischanze kann hier absolut gefahrlos in einem Simulator nachempfunden werden. Etwas unterhalb der Anlage besteht an der Station Holmenkollen wieder eine Zustiegsmöglichkeit zur Holmenkollenbahn. Wer sich eine etwas weitere Wegstrecke zumuten möchte, kann stattdessen

den etwa 11 km langen Wanderweg von der Frogner-
seteren über die Ullevålseter (ein weiteres beliebtes
Ausflugslokal) zum Badesee Sognsvann unter seine
Schuhsohlen nehmen. An dem verträumten kleinen
Waldsee Åklungen überquert der Wanderer hierbei
den durch ein Holzschild gekennzeichneten 60.
Breitengrad und nicht weit von dieser Stelle entfernt
befindet sich auch – mitten im Wald – der geogra-
fische Mittelpunkt der norwegischen Hauptstadt.
Am südlichen Ende des Sognsvann trifft man auf die
Endstation der T-Bahnlinie 6, die den See bequem
und umsteigefrei mit der Osloer Innenstadt verbin-
det.

Tipp: Eine Wanderkarte der Oslomarka ist kosten-
los im Informationsbüro des Rathauses erhältlich.

Akerselv

Ein Naturerlebnis ist auch die etwa 8 km lange
Wanderung entlang der Ufer des Akerselv von seinem Ursprung am Maridalsvannet (der kristallkla-
re Waldsee ist das wichtigste Trinkwasserreservoir
der norwegischen Hauptstadt) bis zum »Oslo-Plaza«, wo der Fluss etwa 300 m vor seiner Mündung
in den Oslofjord unter der Erde verschwindet. An
diesem Gewässer und unter Nutzung seines Ener-
giepotentials begann im 19. Jahrhundert mit was-
serkraftbetriebenen Sägewerken, Papiermühlen und
Baumwollspinnereien die Industrialisierung des

Landes. Viele der alten Fabrikgebäude sind noch erhalten und beherbergen heute Büros, Künstlerateliers oder Lokale. Insbesondere Unternehmen der Medien- und Softwarebranche wissen die ruhige und doch stadtnahe Lage am Fluss zu schätzen. Die originellste Nutzungsänderung ist am Ostufer des Flusses im Stadtteil Grünerløkka zu besichtigen, wo ein 21-türmiges Getreidesilo in ein Studentenwohnheim umgebaut wurde. Auf der Beierbrua, einer von fast drei Dutzend Brücken, die die beiden Flussufer miteinander verbinden, erinnert eine Bronzeskulptur an die Osloer Fabrikmädchen, die einst in den Betrieben entlang des Flusses schuften mussten. Ungeachtet seiner vielen Brücken markiert das Gewässer mit seinen abwechselnd bebauten und naturbelassenen Uferpartien noch immer die Grenzlinie zwischen den bürgerlichen Wohnvierteln im Westen der Stadt und deren östlichen Stadtteilen, in denen überwiegend Arbeiter, Angestellte und Rentner, zunehmend jedoch auch Studenten, Jungakademiker und Zuwanderer zu Hause sind. Spektakulärer Höhepunkt des Flusslaufes sind zwei ungefähr auf halber Strecke gelegene Wasserfälle, die man eher in einer Gebirgslandschaft als mitten in einer Großstadt vermuten würde. Der Höhenunterschied, den der Akerselv auf seinem relativ kurzen Weg zu überwinden hat, beträgt mehr als 150 m. Wer sich für schweißtreibende Aufstiege nicht begeistern kann, sollte den Weg nach oben daher mit dem Omnibus zurücklegen (Linie 54 bis Endhaltestelle Kjelsås).

Oslofjord

Zu den beliebtesten Ausflugszielen der Osloer gehört naheliegenderweise auch der Fjord mit seinen Badeständen und Inseln. Vom Rathaus aus werden in den Sommermonaten Bootsrundfahrten durch den inneren Bereich des Oslofjordes von ein- bis zweistündiger Dauer angeboten. Daneben besteht auch die Möglichkeit zu längeren Ausflugsfahrten mit Landgängen. Einen mehrstündigen Abstecher lohnt beispielsweise die nur etwa 500 m vom Festland entfernt gelegene Insel Hovedøya, die mit einer am Vippetangenkai ablegenden Fähre zu erreichen ist. Auf diesem 40 ha großen Eiland sind insbesondere die Überreste eines im 12. Jahrhundert von englischen Zisterziensern angelegten Klosters zu besichtigen. Darüber hinaus hat es neben einem vielseitigen Baumbestand und seltenen Pflanzen einen beliebten Badestrand und einige alte Kanonen aus der Zeit der napoleonischen Kriege zu bieten. Während des Zweiten Weltkrieges war dieser idyllische Ort Standort eines deutschen Wehrmachtslazarettes. Danach wurde er zum Schauplatz eines heute auch von den meisten Norwegern als wenig rühmlich empfundenen Kapitels norwegischer Vergangenheitsbewältigung: Begründet mit angeblichen seuchenpolizeilichen Notwendigkeiten wurden hier Hunderte von Norwegerinnen, denen ein zu enger Umgang mit Angehörigen der deutschen Besatzungsmacht nachgesagt wurde, monatelang unter »Quarantäne« gestellt.

Bergen und der Sognefjord

Willy Brandt fand sich in seiner neuen Umgebung erstaunlich schnell zu Recht und stürzte sich mit großem Eifer in die Aufgabe, die ihn nach Norwegen geführt hatte. Schon wenige Tage nach seiner Ankunft in Oslo begann er, Beiträge für die Presse der NAP und ihr nahe stehender Organisationen zu verfassen, in denen er die Leserschaft über die politische Situation in Deutschland informierte und vor der Gefahr einer weiteren Ausbreitung des Faschismus in Europa warnte. Sein erster Artikel in Norwegen erschien bereits am 11. April 1933 im »Arbeiderbladet«. Unter der Überschrift »Wie sieht es in Hitlerdeutschland aus?« berichtete Brandt hierin über Boykottaktionen gegen jüdische Geschäfte und die Einrichtung von Konzentrationslagern für Regimegegner in seiner Heimat. »Es ist hart, aber wir müssen lernen, den Tatsachen ins Auge zu sehen und es ist eine Tatsache, dass der Faschismus in Deutschland gesiegt hat, dass dessen Sieg ein vollständiger und ungeheurer ist«, lautete seine ernüchternde Botschaft an die Leser der Parteizeitung.[15] Gleichzeitig mit seiner publizistischen Tätigkeit begann Brandt damit, durch Vorträge auf Veranstaltungen der NAP um ideelle und materielle Unterstützung für seine in die Illegalität gedrängte Partei und verfolgte Parteifreunde

---

[15] Arbeiderbladet vom 11. April 1933. Zitiert nach Lorenz, Einhart (Bearb.): Willy Brandt, Berliner Ausgabe, Band I, Hitler ist nicht Deutschland: Jugend in Lübeck – Exil in Norwegen (Bonn 2002), S. 115

zu werben. Nicht ohne Stolz berichtete er Anfang Juni 1933 an die Auslandszentrale der SAP in Paris, dass es ihm gelungen sei, auf einem Parteitag der norwegischen Schwesterpartei 324 norwegische Kronen für einen Hilfsfond zur Unterstützung verfolgter deutscher Genossen zu sammeln. Anfänglich benötigte Brandt für öffentliche Auftritte noch die Hilfe einer ihm vom Arbeiterjugendverband zur Seite gestellten Dolmetscherin, doch bereits im Juni 1933, also nur zwei Monate nach Beginn seines Aufenthaltes in Norwegen, beherrschte er die Sprache seines Gastlandes so gut, dass er eine Vortragsreise an dessen Westküste ohne eine derartige Unterstützung bestehen konnte. Die Reise, an die er sich im Abstand von fast fünf Jahrzehnten in »Links und frei« in sehr emotionaler Weise erinnern sollte, führte ihn unter anderem nach Bergen und in das kleine Industriestädtchen Høyanger am Sognefjord.

»Warum hat Hitler in Deutschland gesiegt?« – Von Willy Brandt verfasste Broschüre aus dem Jahre 1933.

Mit der Bergenbahn über die Hardangervidda

Etwas mehr als sechs Stunden benötigt ein Schnellzug der Norwegischen Staatsbahnen (NSB) unter normalen Umständen, um die 493 km lange Strecke von der Landeshauptstadt Oslo in die Westküstenmetropole Bergen zurückzulegen. Wer sich einem derartigen Verkehrsmittel anvertraut, erlebt in dieser Zeit eine Fahrt über eine der technisch anspruchsvollsten und landschaftlich abwechslungsreichsten Bahnstrecken Europas. Die Bergenbahn wurde im Jahre 1909 nach 15-jähriger Bauzeit fertig gestellt und ist seit 1964 durchgehend elektrifiziert. Von dem auf Meereshöhe liegenden Osloer Hauptbahnhof kommend überwindet ihre Trasse das Norwegen in einen westlichen und einen östlichen Landesteil trennende menschenleere und verkehrsfeindliche Hochgebirge der Hardangervidda, um schließlich im Bahnhof von Bergen wieder auf Meereshöhe zurückzukehren. Sie durchquert hierbei nahezu alle Landschaftsformen, die dieses Land zu bieten hat: Dunkle Wälder und glitzernde Seen im Osten, das von einer baumlosen Hochebene gekrönte Gebirge in der Mitte und zuletzt die bizarre Fjordwelt der Westküste. Wie spärlich besiedelt die von ihr erschlossenen Gebiete sind, wird daran erkennbar, dass zwischen ihren beiden Endpunkten gerade einmal 19 Stationen liegen. Die höchstgelegene Stelle der Strecke, die in einem Tunnel zwischen Finse und Myrdal erreicht wird, liegt 1.237 m über dem Meeresspiegel. Zwar erscheint diese Zahl im Vergleich zu den Hochgebirgsbahnen der Schweiz nicht gerade rekordverdächtig. Doch darf bei einer derartigen Gegenüberstellung nicht in Vergessenheit geraten, dass die

Strecke der Bergenbahn zwischen dem 60. und dem 61. Breitengrad verläuft. Die Baumgrenze bewegt sich hier auf einer Höhe von etwa 1.000 m und ab einer Höhe von etwa 1.200 m ist die Landschaft ganzjährig mit Schnee bedeckt. In den Wintermonaten erreichen die Schneeverwehungen, mit denen die kraftstrotzenden Schneeschleudern des Streckendienstes zu kämpfen haben, nicht selten Höhen von mehr als 15 m. Und allen Winterschutzmaßnahmen der NSB zum Trotz kommt es immer wieder vor, dass Züge dann stundenlang in den Schneemassen stecken bleiben. Eine Bahnfahrt kann hier also noch zu einem echten Abenteuer werden. Wenn der Zug schließlich ungeachtet aller Widrigkeiten der Natur mehr oder weniger pünktlich im Kopfbahnhof von Bergen einläuft, hat er nicht weniger als 200 Tunnel durch- und 300 Brücken überquert.

Hinter sieben Bergen

Bergen, mit seinen 260.000 Einwohnern die zweitgrößte Stadt Norwegens und Verwaltungssitz des Regierungsbezirks Hordaland, liegt, umgeben von sieben Bergen, an den beiden inneren Buchten des Byfjordes. Im Mittelalter zeitweilig die Hauptstadt des Königreiches Norwegen und danach über Jahrhunderte hinweg der wichtigste Handelsstützpunkt des Hansebundes in Skandinavien, wurde die Stadt erst im Verlauf des 19. Jahrhunderts an Größe und Bedeutung von Oslo überflügelt – eine »Schmach«, die viele Bergener noch immer nicht verwunden haben. Musikfreunden ist Bergen vor allem als Heimatstadt des Komponisten Edvard Grieg (»Peer-Gynt-Suite«) ein Begriff, Krimifreunden als Wirkungsstätte des von Gunnar Staalesen zu literarischem Leben erweckten Privatdetektiven Varg Veum. Die Internationalen Festspiele Bergen locken alljährlich im Mai und Juni Hunderttausende von Musik- und Theaterfreunden an den Byfjord, doch auch außerhalb der Festspielsaison besticht die Stadt, die bereits seit 1765 über ein eigenes philharmonisches Orchester verfügt, durch ihr reichhaltiges Kulturleben. Ihr Hafen ist ein bedeutender Knotenpunkt des nationalen und internationalen Schiffsverkehrs. Von hier aus bestehen Fährverbindungen nach Großbritannien, Island und Dänemark sowie eine mehrmals täglich bediente Schnellbootverbindung in die südnorwegische Ölmetropole Stavanger (die Fahrtzeit beträgt etwa vier Stunden). Darüber hinaus bricht von hier aus allabendlich um 20 Uhr ein Passagier- und Frachtdampfer der bei Einheimischen und Touristen gleichermaßen beliebten »Hurtigrute« zu einer sechstägigen Seereise in das 2.300 km entfernte Kirkenes in Nordnorwegen auf, in deren Verlauf insgesamt 35 Häfen angelaufen werden. Trotz zunehmender Konkurrenz durch den Straßen- und Luftverkehr ist diese seit mehr als 100 Jahren bestehende Schifffahrtslinie, auf deren Dampfern man zwar eine komfortabel eingerichtete Kabine und eine ansprechende Verpflegung aber keinen kreuzfahrtüblichen Luxus erwarten darf, noch immer eine der wichtigsten Lebensadern der zerklüfteten norwegischen Westküste. Sonnenanbetern ist ein Aufenthalt in Bergen leider nur sehr bedingt zu empfehlen. Zwar bestehen, insbesondere in den Monaten April bis Juni, durchaus gewisse Chancen, eine Stadtbesichtigung auch ohne nasse Füße zu überstehen. Ansonsten macht die Stadt jedoch mit durchschnittlich 240 Regentagen im Jahr und einer durchschnittlichen jährlichen Niederschlagsmenge von mehr als 2.200 mm (dies ist immerhin das Dreifache des Wertes, der in dem nicht gerade als Trockenzone bekannten Hamburg gemessen wird) ihrem Ruf als »Regenhauptstadt Europas« alle Ehren. Das andernorts längst ausgestorbene Handwerk des Regenschirmreparateurs hat daher hier noch goldenen Boden unter den Füßen und für überraschende Wolkenbrüche stehen Regenschirmautomaten bereit.

»Am frühen Freitag morgen kommen wir in Bergen an. Es regnet. Graue Wolken über Bergens Bergen. Wie kann es anders sein? Man erzählt sich, dass in Bergen die Pferde wild werden, wenn sie einen Menschen ohne Regenschirm sehen.«

Willy Brandt[16]

Auch für ein nur flüchtiges Kennenlernen der Stadt und ihrer näheren Umgebung sollten mindestens zwei bis drei Tage eingeplant werden. Ihre wichtigsten Sehenswürdigkeiten finden sich glücklicherweise in einem Umkreis von wenigen hundert Metern um das Hafenbecken »Vågen«: Die mittelalterliche Festung »Bergenhus« mit der Håkonshalle und dem Rosenkrantzturm sowie das von deutschen Han-

[16] Reisebericht im »Lübecker Volksboten« vom 29. Juli 1931. Zitiert nach Lorenz, Einhart (Anm. 15), S. 95

sekaufleuten errichtete Stadtviertel »Bryggen« mit
seinen von den Vereinten Nationen in den Rang
eines »Weltkulturerbes der Menschheit« erhobenen
Holzhäusern, der aus der ersten Hälfte des 12. Jahrhunderts stammenden Marienkirche und dem Han-
seatischen Museum, das den Besuchern einen Ein-
blick in den arbeits- und entbehrungsreichen Alltag
der Hansekaufleute vermittelt. Ein Streifzug über den
Fischmarkt und eine Fahrt mit der Standseilbahn
auf den 399 m hohen Fløyen, von dem aus man die
Ansicht der Stadt und ihrer Umgebung aus der Vogel-
perspektive genießen kann, runden die Besichtigung
des Innenstadtbereiches ab.

Regenpause über Bergens Bergen: Blick auf die Stadt vom Fløyen.

Im Stadtteil Hop, etwa 8 km südlich der Innenstadt gelegen, wartet die malerische Villa Troldhaugen (Trollhügel), die von dem bereits erwähnten Komponisten Edvard Grieg erbaut und von 1885 bis zu seinem Tod im Jahre 1907 bewohnt wurde, auf Besucher. Das direkt am Ufer eines kleinen Sees stehende und in viktorianischem Stil gehaltene Holzgebäude beherbergt heute einen Kammermusiksaal für 200 Zuhörer und ein Museum mit Ausstellungsstücken aus dem Leben seines prominenten Erbauers. Im benachbarten Stadtteil Paradis lohnt ein Abstecher zu der aus dem 12. Jahrhundert stammenden Stabkirche von Fantoft, die, vor einigen Jahren durch Brandstiftung zerstört, in mühevoller Kleinarbeit originalgetreu wieder aufgebaut wurde. Sehenswert sind schließlich auch noch das in entgegengesetzter Richtung am nordöstlichen Stadtrand gelegene Freilichtmuseum »Alt Bergen«, in dem mehr als 40 charakteristische Bergener Bürgerhäuser aus den vergangenen drei Jahrhunderten einschließlich der dazugehörigen Inneneinrichtungen zu besichtigen sind, sowie das Aquarium auf der Halbinsel Nordnes, in dem man nicht nur Fische aus aller Welt, sondern auch Robben und Seevögel hautnah erleben kann. Wer sich bei seinem Besuch auf dem Fløyen Appetit auf noch mehr Höhenluft und Fernsicht geholt hat, kann diesen zu guter Letzt durch einen Ausflug auf den östlich der Stadt gelegenen 643 m hohen Ulriken befriedigen, dessen Gipfel mit Hilfe einer Kabinenseilbahn bequem zu erreichen ist.

Durch den Sognefjord nach Flåm

In der weiteren Umgebung Bergens haben sich die beiden längsten Fjorde Norwegens in das Festland eingegraben: Der etwa 50 km südlich der Stadt beginnende Hardangerfjord und der Sognefjord, der etwa 80 km nördlich der Stadt in die Nordsee mündet. Bergen stellt damit einen hervorragend geeigneten Ausgangspunkt für Ausflüge in das Fjordland dar. Neben einem vielfältigen Angebot an organisierten Rundfahrten besteht hierbei auch die Möglichkeit, diese einzigartige Gebirgslandschaft mit öffentlichen Verkehrsmitteln oder mit dem Auto auf eigene Faust zu entdecken. Die empfehlenswerteste Reisezeit ist hierbei zweifelsfrei das späte Frühjahr, wenn der Himmel mit Nachschub an Niederschlägen geizt, die Obstbäume in den Talregionen in voller Blüte stehen und die zahllosen Wasserfälle, die sich von den Felswänden in die Fjorde stürzen, auf Grund der Schneeschmelze die größte Wassermenge führen.

Wie Willy Brandt in »Links und frei« festgehalten hat, führte ihn seine am Anfang des Kapitels erwähnte Vortragsreise von Bergen aus zunächst in das heute etwa 5.000 Einwohner zählende und von der Aluminiumverhüttung lebende Städtchen Høyanger am Nordufer des Sognefjords. Von hier aus fuhr er weiter zum Aurlandsfjord, einem südlichen Seitenarm des Sognefjords, und wanderte sodann hinauf zur Bergenbahn, die ihn nach Oslo zurückbrachte. Das auf seiner Wanderung aufkommende Heimweh bekämpfte er dadurch, dass er sich eine Rede ausmalte, die er nach seiner Rückkehr nach Lübeck zu halten gedachte.

Der Reisebeschreibung Brandts ist nicht zu ent-
nehmen, wie lange seine damalige Reise durch
den Sognefjord gedauert hat. Ein fahrplanmäßig
verkehrendes Schnellboot benötigt für die Strecke von Bergen nach Flåm am südlichen Ende des
Aurlandsfjordes heute nur etwas mehr als fünf
Stunden. Die Route führt von Bergen aus zunächst
durch eine küstennahe Schärenlandschaft bis zur
Insel Sula, wo das Boot die Nordsee hinter sich lässt
und in den 200 km langen, bis zu 1.300 m tiefen
und von bis zu 1.000 m hohen Felswänden gesäum-
ten Sognefjord einschwenkt. Die temporeiche Fahrt
durch diesen imposanten Meeresarm, der seine
Existenz der unermüdlichen Schürf- und Hobelar-
beit eiszeitlicher Gletscher zu verdanken hat, wird
nur durch wenige Zwischenstopps unterbrochen. In
der am Südufer des Fjords gelegenen Gemeinde Vik
verdient die aus dem 12. Jahrhundert stammende
Stabkirche von Hopperstad die Aufmerksamkeit des
Reisenden, in der am Nordufer des Fjords gelegenen
Gemeinde Balestrand das aus dem 19. Jahrhundert
stammende Ferienhotel der Familie Kvikne, in dem
bereits Kaiser Wilhelm II. Erholung von den Staats-
geschäften suchte. Kurz nach dem Halt in Leikanger
nimmt das Boot Kurs in den hier nach Süden hin
abzweigenden Aurlandsfjord. Die fast senkrechten
Felswände an den beiden Ufern dieses Gewässers
rücken nun allmählich immer enger zusammen
und bald darauf ist die am Ende des Aurlandsfjords
gelegene Ortschaft Flåm erreicht.

Im Fjordland: Auf seinem Weg von der Hardangervidda zum Aur-landsfjord begegnet der Flåmselv der aus dem 17. Jahrhundert stammenden Kirche von Flåm.

Das durch ein mildes Klima begünstige Flåm lebt mit seinen 300 Einwohnern noch hauptsächlich von der Landwirtschaft (Obstanbau und Viehzucht), doch gewinnt der Fremdenverkehr eine zunehmen-de Bedeutung. Die von hier aus nächstgelegene Sta-tion der Bergenbahn ist Myrdal, 20 km entfernt und 863 m höher gelegen. Wer über genügend Zeit und Kondition verfügt, kann den durch das reizvolle Flåmsdal führenden Weg dorthin selbstverständlich zu Fuß zurücklegen. Wer demgegenüber seine Kräf-te und sein Schuhwerk schonen möchte, hat heute – anders als Willy Brandt im Jahre 1933 – die Möglichkeit, sich stattdessen im direkt an die Schiffsanlegestelle angrenzenden Bahnhof von Flåm in einen Zug der erst sieben Jahre nach seinem Besuch fertig gestellten Flåmbahn zu setzen und die Mühen des Aufstiegs einer zugkräftigen Elektrolok mit verstärkter Bremsanlage zu überlassen. Die knapp einstündige Fahrt auf der steilsten Normalspurbahn der Welt, die in Prospekten der NSB mit berechtigtem Stolz als ein »Meisterwerk der Ingenieurskunst« gepriesen wird, steht in ihrem Erlebniswert der vorangegangenen Bootsfahrt durch das Fjordland in keiner Weise nach. Der schnelle Wechsel des Landschaftscharakters von den blühenden Wiesen und Obstbaumkulturen des Talgrundes in die karge und unwirtliche Bergwelt der Hardangervidda mit ihren ganzjährig von Schnee bedeckten Gipfeln hinterlässt insbesondere im Frühjahr und Sommer einen nachhaltigen Eindruck. Um den gewaltigen Höhenunterschied zwischen den Endpunkten der Strecke ohne Zahnradtechnik bewältigen zu können, musste diese durch Kehrschleifen künstlich verlängert werden. Aus weniger als 14 km Luftlinie wurden so mehr als 20 km Schienenweg. Zwar wird auf fast einem Drittel dieser Strecke der freie Ausblick auf die sie umgebende Landschaft durch die Wände eines der insgesamt 20 Tunnelbauten versperrt. Doch zwischen diesen störenden Sichthindernissen bietet sich dem Betrachter eine atemberaubende Sicht auf ständig wechselnde Gebirgspanoramen mit majestätischen Bergen und schwindelerregenden Schluchten. Auf manchen Streckenabschnitten fährt der Zug haarscharf am Rande hunderter von Metern tiefer Abgründe entlang. Ein besonderer Höhepunkt der

Reise ist der 238 m hohe Wasserfall »Kjosfossen«, an dem die meisten Züge einen kurzen Fotostopp einlegen. Das mit Hilfe dieses Naturschauspiels betriebene Wasserkraftwerk versorgt nicht nur die Flåmbahn, sondern auch Teile der Bergenbahn mit der für den Fahrbetrieb erforderlichen elektrischen Energie. Kurz nach dem Haltepunkt Kjosfossen erreicht der Zug die Endstation Myrdal. Hier besteht wieder Anschluss an die Züge der Bergenbahn, die den Reisenden nach Oslo (Fahrtzeit etwa fünf Stunden) oder Bergen (Fahrtzeit etwa zwei Stunden) zurückbringen.

Tipp: Eisenbahnfreunde haben die Möglichkeit, sich am Bahnhof von Flåm in einem kleinen Museum über die Bau- und Betriebsgeschichte der Flåmbahn zu informieren.

Unternehmen »Weserübung«

Dass die auf Macht- und Gebietszuwachs angelegte Außenpolitik des Naziregimes früher oder später eine militärische Auseinandersetzung zwischen Deutschland und seinen Nachbarn heraufbeschwören würde, stand für die meisten der aus seinem Herrschaftsbereich geflohenen Gegner dieses Regimes außer Zweifel. Am 1. September 1939 erfüllte sich diese düstere Erwartung. Mit dem Einmarsch der deutschen Wehrmacht in Polen begann an diesem Tag der Zweite Weltkrieg. Nach der schnellen Besetzung dieses Landes wurde allgemein erwartet, dass Frankreich das nächste Ziel eines deutschen Angriffs werden würde. Doch der »Führer« hatte andere Prioritäten. Während an der deutsch-französischen Grenze gespenstische Ruhe herrschte, befahl er am 2. April 1940 den Angriff auf Dänemark und Norwegen.

Heimlicher Aufmarsch

Als der Schwere Kreuzer »Blücher« am Morgen des 7. April 1940 den Hafen von Swinemünde auf der Ostseeinsel Usedom hinter sich ließ, wusste kaum jemand unter der etwa 1.600 Mann starken Besatzung und den 800 Heeressoldaten, die in der Nacht zuvor unter größter Geheimhaltung an Bord des erst im September 1939 in Dienst gestellten Kriegsschiffes gebracht

67

worden waren, wohin ihre Fahrt gehen würde. Noch am Abend des gleichen Tages traf sich die »Blücher« in der Strander Bucht vor Kiel mit dem Schweren Kreuzer »Lützow« und weiteren Schiffen der deutschen Kriegsmarine. Hier beorderte Konteradmiral Oskar Kummetz die Kommandanten der versammelten Schiffe in den Admiralsraum der »Blücher«, um ihnen den Auftrag ihres soeben zusammengestellten Flottenverbandes zu eröffnen: Die handstreichartige Besetzung der norwegischen Hauptstadt Oslo. Am nächsten Morgen gegen 3.00 Uhr lichtete die aus einem guten Dutzend Kriegs- und Versorgungsschiffen bestehende Marineeinheit die Anker und setzte sich befehlsgemäß in Richtung Norden in Bewegung. Während sie sich ihrem Zielgebiet näherte, hatten weitere Verbände der deutschen Kriegsmarine Kurs auf Narvik, Trondheim, Bergen, Kopenhagen und andere Küstenstädte Norwegens und Dänemarks genommen. Das Unternehmen »Weserübung«, die Besetzung der beiden neutralen Staaten durch deutsche Streitkräfte, war in seine heiße Phase eingetreten.

Die gemeinsame Aktion von Heer, Luftwaffe und Marine, mit der Hitler und sein Großadmiral Erich Raeder den ungehinderten Transport schwedischer Erzlieferungen aus Kiruna über den Verladehafen von Narvik absichern und darüber hinaus neue Stützpunkte für den U-Boot-Krieg gegen Großbritannien in den norwegischen Fjorden erobern wollten, war minutiös geplant und vorbereitet. Zeitgleich mit dem überraschenden Auftauchen respekteinflößender deutscher Kriegsschiffe in den Häfen der Hauptstädte Kopenhagen und Oslo in den frühen Morgenstunden des 9. April 1940 sollten die dort ansässigen deutschen Gesandten den Regierungen der beiden Länder Ultimaten der Reichsregierung aushändigen, in denen von diesen die Duldung einer deutschen Besetzung ihres Staatsgebietes gefordert wurde. An Land gesetzte Heerestruppen sollten dieser Forderung durch eine Gefangennahme der beiden populären Staatsoberhäupter – Christian X. auf dem dänischen und dessen Bruder Haakon VII. auf dem norwegischen Königsthron – Nachdruck verleihen. Die Planer des Unternehmens hofften darauf, dass beide angegriffenen Länder ihre Besetzung ohne ernsthaften Widerstand über sich ergehen lassen würden. Doch während dieser Wunsch im Falle Dänemarks weitgehend in Erfüllung ging, waren die Norweger nicht dazu bereit, ihre erst 35 Jahre zuvor erlangte staatliche Unabhängigkeit kampflos preiszugeben.

Erste Opfer

Am Abend des 8. April 1940 fuhr das norwegische Küstenwachboot »Pol III« Patrouille im äußeren Oslofjord. Auf der Brücke hatte Leutnant Hans Bergan Wachdienst. Gegen 23.00 Uhr tauchten aus der nächtlichen Dunkelheit die Umrisse unbekannter Kriegsschiffe auf. Bergan meldete diese Beobachtung unverzüglich seinem Kommandanten, Kapitän Jens Welding Olsen, der die Nachricht vom Eindringen fremder Kriegsschiffe in norwegische Gewässer ebenfalls ohne Zögern an das Oberkommando der norwegischen Marine in Horten weiterfunken ließ. Danach erteilte Olsen den Befehl, den fremden Flottenverband anzufunken und zur Bekanntgabe seiner Nationalität aufzufordern. Doch der Funkspruch der »Pol III« blieb ohne Antwort. Stattdessen löste sich eines der fremden Kriegsschiffe aus seinem Verband und versuchte, das norwegische Küstenwachboot zu rammen. Diesem gelang es jedoch, dem Angriff durch ein geschicktes Manöver auszuweichen. Kapitän Olsen ließ nun einen Warnschuss abfeuern und befahl sein Boot seinerseits auf Rammkurs. Sekunden später kam es zu einer Kollision, bei der an beiden Schiffen beträchtliche Schäden entstanden. Danach wandte sich Olsen mit einem Megafon an den Kommandanten des fremden Kriegsschiffes und forderte diesen auf, sein Schiff zu übergeben. Doch dieses eröffnete stattdessen das Feuer aus seinen Bordkanonen. Kapitän Olsen und mehrere Besatzungsmitglieder seines Küstenwachbootes verloren bei diesem Beschuss ihr Leben und wurden damit zu den ersten norwegischen Opfern des Zweiten Weltkrieges. Anschließend wurde die schwer beschädigte »Pol III« von Mitgliedern der Besatzung des fremden Kriegsschiffes – es handelte sich hierbei um das deutsche Torpedoboot »Albatros« – geentert. Die Hoffnung auf einen unblutigen Verlauf der Operation hatte sich als Illusion erwiesen.

Nach dem Gefecht mit der »Pol III« setzte der deutsche Flottenverband seinen Vormarsch in Richtung Oslo zwar unbeirrt fort. Seine Lage hatte sich durch diesen Zwischenfall jedoch insoweit verändert, als das Oberkommando der norwegischen Marine durch den Funkspruch des Küstenwachbootes alarmiert worden war und nunmehr erste Gegenmaßnahmen gegen den drohenden Angriff auf die Landeshauptstadt treffen konnte. Bereits um 23.25 Uhr wurden auf dessen Befehl hin sämtliche Leuchtfeuer im Oslofjord gelöscht, um den Eindringlingen die Orientierung zu erschweren. Diesen dürfte damit endgültig klar geworden sein, dass sie nicht auf einen übermäßig freundlichen Empfang rechnen konnten.

Eisiges Ende

Nördlich des Städtchens Drøbak, etwa 30 km südlich der norwegischen Hauptstadt am Ostufer des Oslofjordes gelegen, teilt die etwa 6 km lange und 1,5 km breite Insel Håøya die Wasserstraße. Der Südspitze dieser Insel vorgelagert liegen zwei weitere kleine Inseln: Nordkaholmen und Südkaholmen. Die Wasserbreite zwischen diesen beiden Inseln und dem Ostufer des Fjordes beträgt nur wenig mehr als einen Kilometer. Die Stelle schien daher wie dafür geschaffen, als im 19. Jahrhundert nach Möglichkeiten gesucht wurde, Oslo gegen feindliche Angriffe von Seeseite her abzusichern. Zwischen 1845 und 1853 wurde auf Südkaholmen eine gewaltige Festungsanlage errichtet, die den Namen des damals regierenden schwedisch-norwegischen Königs Oscar I. erhielt: Oscarsborg. Im Jahre 1892 wurde die Bewaffnung dieser Verteidigungsstellung, die zu jener Zeit als das bedeutendste Festungsbauwerk Nordeuropas galt, durch drei 28-cm-Geschütze aus der deutschen Waffenschmiede »Krupp« in Essen noch weiter verstärkt. Der Transport der Stahlkolosse verlief nicht ganz pannenfrei. Bei ihrer Anlandung in Oslo musste eines der Geschütze nach einem Sturz ins Hafenbecken aus dem Wasser gezogen werden. Ein offenbar mit guten Bibelkenntnissen gesegneter

Volksmund hatte für das schwergewichtige Trio alsbald zu diesem Zwischenfall passende Namen gefunden: Moses, Aaron und Josua. Als die Meldung über das Eindringen einer feindlichen Armada in den Oslofjord am Abend des 8. April gegen 23.15 Uhr auf der Festung Oscarsborg eintraf, konnte ihr Kommandant, Oberst Birger Eriksen, wegen Personalmangels nur zwei seiner Geschütze besetzen. Seine Wahl fiel auf »Moses« und »Aaron«.

Sechs Stunden später, die Uhren zeigten exakt 5.19 Uhr, glitt die an der Spitze des deutschen Flottenverbandes fahrende »Blücher« in die Leuchtkegel der den Fjord absuchenden Scheinwerfer der Festung. Weitere zwei Minuten später, die »Blücher« hatte sich Südkaholmen zu diesem Zeitpunkt bis auf etwa 1.800 m genähert, erteilte Oberst Eriksen seinen Kanonieren Feuerbefehl. Kurz darauf schlugen zwei sieben Zentner schwere Granaten in das Kriegsschiff ein. Mit den einzigen beiden scharfen Schüssen, die jemals aus ihnen abgefeuert wurden, hatten »Moses« und »Aaron« Volltreffer erzielt. Nur wenige Minuten nach den Einschlägen trieb der modernste Kreuzer der deutschen Kriegsmarine brennend und manövrierunfähig auf dem Fjord, um rund zwei Stunden später in seinen eisigen Fluten zu versinken. Obwohl sich nicht nur die Mannschaften der übrigen Schiffe des deutschen Flottenverbandes, sondern auch zahlreiche Norweger – Militärangehörige ebenso wie Fischer und andere Zivilisten – um eine Rettung der Schiffsbrüchigen bemühten, forderte der Untergang der »Blücher« mehr als 1.000 Menschenleben. Viele der auf ihr eingeschifften Heeressoldaten ertranken nur deshalb in dem 2° kalten Wasser, weil aus Geheimhaltungsgründen darauf verzichtet worden war, eine ausreichende Zahl von Schwimmwesten mit an Bord zu nehmen. In der Umgebung von Drøbak wurden noch Monate nach den Geschehnissen die sterblichen Überreste deutscher Seeleute und Soldaten an Land geschwemmt.

»Weil das Wasser so kalt war, blieben wir so lange wie möglich auf dem Kreuzer. Doch dann sprang einer nach dem anderen über Bord. Manche kamen auch wieder zurück und fanden den Tod auf dem sinkenden Schiff. Zwei Auswege gab es, um sich vor dem Ertrinken oder Verbrennen zu retten, dafür aber in die Hand des Feindes zu gelangen: Rund 300 m entfernt lag eine Insel, 500 m entfernt das Festland. Schließlich sprang auch ich in das eiskalte Wasser und schwamm zur Felseninsel. Dort saßen meine Kameraden und ich nun in nassen Uniformen ...«

Matrose Hermann Himstedt,
Überlebender des Untergangs der »Blücher«[17]

Das Wrack der »Blücher« liegt noch immer etwa 4 km nördlich von Drøbak in einer Tiefe von knapp 100 m kieloben auf dem Grund des Oslofjords. 1994 gelang es norwegischen Ölbohrexperten, den überwiegenden Teil des in seinen Tanks verbliebenen Dieselkraftstoffs abzupumpen und die Gefahr einer Ölkatastrophe an der südnorwegischen Küste hierdurch vorerst zu ban-

[17] Zitiert nach Binder, Frank/Schlünz, Hans H.: Schwerer Kreuzer Blücher (Berlin 1996), S. 133

nen. Der Kraftstoff erwies sich als von so hoher Qualität, dass er noch als Schiffsdiesel verwendet werden konnte. Die beiden imposanten Anker des Kriegsschiffes wurden ebenfalls geborgen und an den Uferpromenaden von Drøbak und Oslo zur Schau gestellt. Die Festung Oscarsborg mit ihren hoffentlich für alle Zeiten in den Ruhestand verabschiedeten todbringenden Geschützen ist seit 1995 als militärgeschichtliches Museum zur Besichtigung freigegeben (stündliche Busverbindung zwischen Oslo Hauptbahnhof und Drøbak).

*Trophäe: **Anker der »Blücher«** an Oslos Uferpromenade.*

Entscheidende Stunden

Die Versenkung der »Blücher« konnte die Einnahme Oslos durch deutsche Truppen zwar nur um wenige Stunden verzögern. Doch gerade dieser kurze Zeitgewinn ermöglichte es der norwegischen Staatsführung, sich vor dem Zugriff der Angreifer in Sicherheit zu bringen und damit ihre Handlungsfähigkeit zu bewahren. Das zwar pünktlich, doch ohne die geplante Drohkulisse deutscher Kriegsschiffe überreichte Ultimatum der Reichsregierung wurde von der norwegischen Regierung nach kurzer Beratung zurückgewiesen. Und zur gleichen Zeit, als 30 km südlich das brennende Wrack der »Blücher« von der Oberfläche des Oslofjordes verschwand, setzten sich Regierung, Königshaus und Parlament mit einem eilends zusammengestellten Sonderzug aus der gefährdeten Landeshauptstadt in das Landesinnere ab. Auch die Goldreserven der Norwegischen Staatsbank, bestehend aus 3.000 Barren mit einem Gesamtgewicht von 50 Tonnen, wurden noch rechtzeitig vor dem Einmarsch der Deutschen auf Lastwagen aus der Stadt geschafft, später mit der Eisenbahn in das Westküstenstädtchen Åndalsnes weitertransportiert und dort auf ein britisches Kriegsschiff verfrachtet.

Die Flucht der norwegischen Staatsorgane fand am Abend des 9. April in dem kleinen Städtchen Elverum, etwa 140 km nordöstlich von Oslo im Østerdal gelegen, ihr vorläufiges Ende. Auf einer improvisierten Parlamentssitzung in der Volkshochschule des Ortes wurde hier der in größter Eile gebildeten Allparteienregierung eine Generalvollmacht zur Wahrnehmung der norwegischen Interessen auf unbestimmte Zeit erteilt. Nachdem in der darauffolgenden Nacht ein deutsches Stoßtruppunternehmen zur Gefangennahme des Königs vor den Toren der Stadt am Widerstand zusammengewürfelter norwegischer Verbände gescheitert war, wurde die erwähnte Volkshochschule am Nachmittag des 10. April zum Schauplatz einer denkwürdigen Begegnung zwischen dem aus Oslo angereisten deutschen Gesandten Curt Bräuer und König Haakon VII. Der deutsche Diplomat forderte von seinem Verhandlungspartner hierbei nicht nur die widerstandslose Hinnahme der Besetzung seines Landes, sondern darüber hinaus auch noch die Ernennung des norwegischen Naziführers Vidkun Quisling zum Ministerpräsidenten. Das norwegische Staatsoberhaupt lehnte beide Forderungen rundweg ab und wurde von nun an von der deutschen Luftwaffe gnadenlos gejagt. Bei ihrer Verfolgungsaktion zog diese eine breite Schneise der Verwüstung durch das Land. Mehrere Ortschaften, in denen der Monarch Schutz suchte oder dies zumindest vermutet wurde, wurden durch Bombenangriffe dem Erdboden gleich gemacht. Gleichwohl gelang es ihm, sich nach Molde an der norwegischen Westküste durchzuschlagen, von wo aus ein britischer Kreuzer ihn nach Tromsø in Nordnorwegen in Sicherheit brachte. Vor der Volkshochschule von Elverum erinnert heute eine Gedenksäule an die kompromisslose Ablehnung des deutschen Ultimatums durch den norwegischen König. Fünf Jahrzehnte nach den dramatischen· Ereignissen versicherte an dieser Stelle sein Sohn und Thronfolger Olav V. dem damaligen deutschen Bundespräsidenten Richard von Weizsäcker, dass von einstmals tiefen Wunden nur noch kaum spürbare Narben zurückgeblieben seien.

Anbrüllen zwecklos!

»Der Norweger ist äußerst freiheitsliebend und selbstbewußt. Er lehnt jeden Zwang und jede Unterordnung ab. Er hat keinen Sinn für militärische Zucht und Autorität. Also: Wenig befehlen, nicht anschreien. Sachlich aufklären und überzeugen! Humorvoller Ton erreicht am meisten. Unnötige Schärfe und Bevormundung verletzen sein Selbstgefühl.«

Aus den vom Oberkommando der Wehrmacht (OKW) erlassenen »Richtlinien für das Verhalten im persönlichen Verkehr mit der norwegischen Bevölkerung«

Obwohl sie alsbald Unterstützung durch britische, französische und polnische Verbände erhielten, konnten die auf einen Krieg nur unzureichend vorbereiteten norwegischen Streitkräfte (die gesamte norwegische Armee besaß beispielsweise nicht ein einziges gepanzertes Fahrzeug) der deutschen Übermacht nicht lange Stand halten. Bereits Anfang Mai waren Süd- und Mittelnorwegen vollständig in der Hand der Angreifer. »Dieses Land gehört nun uns. Wer will es uns noch einmal nehmen?« notierte Reichspropagandaminister Joseph Goebbels am

9. Mai siegestrunken in sein Tagebuch.[18] Als wegen der deutschen Erfolge in Frankreich Anfang Juni das Aufgebot der Alliierten in Nordnorwegen – hier gab es besonders erbitterte Auseinandersetzungen um den Erzhafen Narvik – abgezogen werden musste, war der ungleiche Kampf auch hier entschieden. Am Abend des 7. Juni wurden König und Regierung auf dem britischen Kreuzer »Devonshire« außer Landes gebracht, um in London eine Exilregierung zu bilden. Drei Tage später erfolgte die Kapitulation der norwegischen Streitkräfte. Das Unternehmen »Weserübung«, bei dem etwa 3.800 Deutsche, 2.400 Briten, Franzosen und Polen sowie 1.200 Norweger, darunter 300 Zivilisten, ihr Leben verloren hatten, war damit abgeschlossen. In seiner militärischen Bewertung findet sich auf beiden Seiten der Front eine bemerkenswerte Übereinstimmung: Als »das kühnste Unternehmen der deutschen Kriegsgeschichte« pries Adolf Hitler den Überfall auf Dänemark und Norwegen vor dem Deutschen Reichstag, in Winston Churchills Erinnerungswerk »Der Zweite Weltkrieg« wird die Aktion als »eine bemerkenswerte militärische und politische Leistung und ein Beispiel der deutschen Gründlichkeit, Hinterhältigkeit und Brutalität« charakterisiert.[19]

---

[18] Zitiert nach Renth, Ralf Georg (Hrsg.): Joseph Goebbels, Tagebücher, Band 4 (München 1992), S. 1413
[19] Churchill, Winston S.: Der Zweite Weltkrieg, Erster Band/ Zweites Buch (Bern 1948), S. 261

»Reichskommissariat Norwegen«

Bereits zwei Wochen nach Beginn des deutschen Angriffs wurde mit Josef Terboven, seit 1931 Gauleiter der NSDAP in Essen, ein früher und getreuer Gefolgsmann Adolf Hitlers zum »Reichskommissar« für das besetzte Norwegen ernannt. Obwohl das Land glücklicherweise nicht im Brennpunkt des weiteren Kriegsgeschehens lag und sich seine Einwohner zudem des zweifelhaften Privilegs erfreuen durften, nach der nationalsozialistischen Rassenideologie als »artverwandtes Brudervolk« der Deutschen zu gelten, beantwortete in den folgenden fünf Jahren auch in Norwegen die deutsche Besatzungsmacht jeden tatsächlichen oder auch nur vermeintlichen Widerstand gegen ihren Herrschaftsanspruch mit brutalem Terror. Mit Ausnahme der 1933 gegründeten Nazipartei »Nasjonal-Samling«, die bei Parlamentswahlen nie mehr als 2,2 % der Wählerstimmen erhalten und einen Einzug in das Storting damit stets verfehlt hatte, wurden alle norwegischen Parteien verboten und eine politische Betätigung in ihrem Sinne unter Strafe gestellt. In Grini bei Oslo wurde ein Konzentrationslager eingerichtet, das sich rasch mit für die Besatzungsmacht unbequemen Norwegern füllte. Als besonders gefährlich eingestufte Gegner der neuen Herren im Lande wurden nach Deutschland deportiert und in dortigen Konzentrationslagern eingekerkert. Auch die späteren Ministerpräsidenten Einar

Gerhardsen und Trygve Bratteli lernten Deutschland aus der Häftlingsperspektive kennen. Im weiteren Verlauf des Krieges folgten schließlich auch in Norwegen, wie in allen anderen von Deutschland besetzten Ländern, Hinrichtungen und Geißelerschießungen. Bereits der unerlaubte Besitz einer Waffe oder die Verteilung von Flugblättern konnte vor dem für das ganze Land zuständigen SS- und Polizeigericht Oslo mit der Todesstrafe geahndet werden. Und nach einer persönlichen Anordnung Hitlers waren für jeden durch norwegische Hand getöteten Deutschen drei Norweger zu exekutieren. Durch alle diese Unterdrückungsmaßnahmen konnte der Widerstandswillen der Norweger allerdings nicht gebrochen werden. Dieser kam nicht nur in Streiks und Sabotageaktionen, sondern auch in kleinen Gesten, wie etwa dem Anstecken einer Blume am Geburtstag des geflohenen Königs oder dem Tragen einer Büroklammer (siehe nächster Kasten), zum Ausdruck. Als im Herbst 1941 alle in Privatbesitz befindlichen Rundfunkgeräte beschlagnahmt wurden, übernahm alsbald ein dichtes Netz illegaler Zeitungen die Verbreitung unzensierter Nachrichten über die Lage im Land und auf den Kriegsschauplätzen.

Als Büroklammern verboten waren

Sie hat sich einen derart selbstverständlichen Platz in unserem Alltag erobert, dass wir uns nur schwer vorstellen können, wie unsere Vorfahren lebten und arbeiteten, bevor es sie gab. Doch obwohl sie tagtäglich in aller Hände ist, weiß kaum einer ihrer Benutzer, dass wir ihre Existenz norwegischem Erfindergeist zu verdanken haben. Die Rede ist hier von der Büroklammer, die im Jahre 1899 von dem Elektrotechniker Johan Vaaler aus Aurskog bei Oslo zum Patent angemeldet wurde. Noch weniger bekannt als der Name und die Nationalität ihres Erfinders ist allerdings die Tatsache, dass die Norweger diese ebenso einfache wie geniale Erfindung ihres Landsmannes vier Jahrzehnte später in den Rang eines politischen Symbols erhoben haben. Eine Büroklammer hat die praktische Aufgabe, Papierblätter zusammenzuhalten. In der schweren Zeit nach der deutschen Besetzung ihres Landes kam den Norwegern der Einfall, sich einander durch eine am Sakko- oder Mantelaufschlag befestigte Büroklammer ihres Zusammenhaltes zu versichern. Es dauerte einige Zeit, bis die Besatzungsmacht die tiefere Bedeutung dieser sonderbar anmutenden Mode erfasst hatte. Danach ließ eine Reaktion jedoch nicht lange auf sich warten: Am 25. September 1940 erließ Reichskommissar Terboven eine Anordnung, in der das Tragen von Abzeichen, Symbolen und Emblemen, die als politische Demonstration aufgefasst werden konnten, unter Strafandrohung verboten wurde.

Ein fester Bestandteil der deutschen Besatzungspolitik war von Anfang an die Ausbeutung der industriellen und landwirtschaftlichen Ressourcen des eroberten Landes. Schon bald kam es daher zu erheblichen Engpässen in der Versorgung mit Lebensmitteln, Bekleidung und Heizmaterial. In den folgenden Jahren wurden die Rationen an Kartoffeln, Brot und Fett immer kleiner und die Schlangen vor den Einkaufsläden dafür immer länger. Sogar Fisch wurde schließlich zur Mangelware.

»*Während des Krieges hielten viele ein ... illegal ›organisiertes‹ Ferkelchen, das heimlich im Schuppen gemästet wurde, um seine Tage in der Küche zu beschließen. Selbstverständlich war das streng verboten. Zur Strafe hießen die Schweine Adolf oder Rudolf oder Hermann. So war es irgendwie leichter, von ihnen Abschied zu nehmen.*«

Rut Brandt[20]

Eine neue Qualität erhielt die deutsche Besatzungspolitik im Februar 1942 mit der Ernennung des bereits erwähnten »Førers« (»Führers«) der Nasjonal-Samling, Vidkun Quisling, zum Ministerpräsidenten einer norwegischen Marionettenregierung (Hitler bezeichnete seine ohne Rückhalt in der Bevölkerung agierenden norwegischen Gefolgsleute einmal als »Gummischweinchen, die man aufpusten müsse, damit sie nicht umfallen«). Beschränkte sich die Politik der Besatzungsmacht bis dahin im Wesentlichen auf Unterdrückungsmaßnahmen, so sollte nunmehr die Gleichschaltung des öffentlichen Lebens im Sin-

[20] Brandt, Rut: Wer an wen sein Herz verlor, 2. Aufl. (München 2001), S. 24 f.

ne der nationalsozialistischen Ideologie in Angriff genommen werden. Dieses Vorhaben stieß allerdings nicht nur bei der Arbeiterschaft, sondern auch bei der geistigen Elite des Landes auf eine nahezu geschlossene Ablehnung, die wiederum heftige Repressionsmaßnahmen der Besatzungsmacht herausforderte. Als sich etwa die norwegische Lehrerschaft fast geschlossen weigerte, dem nationalsozialistischen Lehrerverband beizutreten und die nationalsozialistischen Erziehungsziele als verbindlich anzuerkennen, wurden kurzerhand mehr als 1.000 willkürlich ausgewählte Angehörige dieses Berufsstandes verhaftet und in ein Lager nach Nordnorwegen deportiert. Zu Zentren des geistigen Widerstandes entwickelten sich auch die Norwegische Staatskirche und die Universitäten des Landes. Der Rektor der Osloer Universität musste sein Arbeitszimmer deswegen ebenso gegen eine Gefängniszelle tauschen, wie der Bischof der Stadt.

Insgesamt hatten bis zum Ende des Krieges nahezu 50.000 Norweger aus politischen Gründen Bekanntschaft mit deutschen Gefängnissen und Konzentrationslagern gemacht. Eine etwa gleich große Zahl musste nach Schweden oder Großbritannien fliehen, um Verfolgungsmaßnahmen zu entgehen. Mehr als 2.000 Norweger verloren durch Hinrichtungen, Geißelerschießungen, Misshandlungen oder unmenschliche Haftbedingungen ihr Leben. Der Hauptverantwortliche für diese Schreckensherrschaft, Reichskommissar Josef Terboven, sprengte sich am 8. Mai 1945, dem Tag der deutschen Kapitulation, mit einer Kiste Handgranaten in die Luft.

Sein norwegischer Handlanger Vidkun Quisling, der beteuerte, stets nur das Allerbeste für sein Vaterland gewollt zu haben, fand bei seinen Landsleuten weder Verständnis noch Gnade. Er wurde verhaftet, wegen Landesverrates angeklagt und von einem Schwurgericht zum Tode durch Erschießen verurteilt. Die Vollstreckung des Urteils erfolgte am 24. Oktober 1945 auf der Festung Akershus.

Vom Oslo- an den Romsdalsfjord

Wieder auf der Flucht

Das Inferno der »Blücher« im Drøbaksund verschaffte nicht nur der norwegischen Staatsführung, sondern auch den in Oslo gestrandeten deutschen Naziflüchtlingen die Möglichkeit, sich vor der Deutschen Wehrmacht und der in ihrem Gefolge in das Land einfallenden Geheimen Staatspolizei in Sicherheit zu bringen. Der versenkte Unglückskreuzer hatte nicht nur Mitarbeiter dieser Terrorbehörde, sondern auch Akten über in Norwegen vermutete deutsche Regimegegner mit sich geführt, die nun unerreichbar auf dem Grund des Oslofjordes lagen. Als schließlich einige Tage später ein Einsatzstab der Gestapo mit dem Auftrag der Verhaftung und »Unschädlichmachung« der dort ansässigen »Reichsfeinde« in Oslo eintraf, waren diese bereits überwiegend aus der Stadt geflüchtet oder zumindest untergetaucht. Den meisten derer, die nun bereits zum zweiten Mal vor ihren Landsleuten fliehen mussten, gelang es, sich in das neutrale Schweden abzusetzen. Andere, wie etwa der in dem Kapitel »Asylland Norwegen« erwähnte Grafiker und Dichter Kurt Schwitters, schafften es, sich in den Norden des Landes durchzuschlagen und von hier aus mit Hilfe der britischen Marine ihren Verfolgern zu entkommen. Nicht wenige entschieden sich jedoch auch dazu, zunächst in Norwegen zu bleiben und die weitere Entwicklung abzuwarten. Zu ihnen gehörte auch Willy Brandt, der sich in dieser kritischen Lage nicht von seinen Freunden trennen wollte und darüber hinaus der schwedischen Asylpolitik nur begrenztes Vertrauen entgegenbrachte.

>Die einzelnen Boote, die uns vom südlichen Norwegen langsam nach Nordnorwegen gebracht hatten, waren vielen Gefahren ausgesetzt gewesen wie Minenfeldern, Beschießung durch Flieger, Unterseebooten, Festungskanonen, Mißtrauen der Bevölkerung in den Anlegeplätzen und sogar Beschießung durch Norweger. Andererseits hatten wir auch die größte Glückseligkeit erfahren, wenn die Bevölkerung die Schwere unserer Lage erkannte, uns aufmunterte, mit Essen und Zeug beschenkte und am Kai stand und winkte, wenn unser Boot weiterfuhr.<

Kurt Schwitters
über seine Flucht nach Nordnorwegen im Frühjahr 1940[21]

Über seine Flucht durch Norwegen nach dem Angriff der Deutschen Wehrmacht hat Brandt ausführlich in »Links und frei« berichtet. In Begleitung von befreundeten Funktionären der NAP fuhr er am Morgen des 9. April 1940 mit einem Auto von Oslo über Gjøvik und den zugefrorenen Mjøsasee nach Hamar. Von hier aus führte seine Flucht – dem Fluchtweg der norwegischen Staatsführung fol-

[21] Zitiert nach Lach, Friedhelm (Hrsg.): Kurt Schwitters – das literarische Werk, Band 3, Prosa 1931–1948 (Köln 1998), S. 262

gend – weiter nach Elverum und der nördlich dieses Städtchens gelegenen Ortschaft Nybergsund, wo Brandt sich von seinen Parteifreunden trennte und für einige Tage in der Hütte eines befreundeten Arztehepaares Unterschlupf fand. Nachdem die Lage etwas besser zu übersehen war, kehrte er nach Hamar zurück und fuhr von hier aus weiter in das am nördlichen Ende des Mjøsasees gelegene Städtchen Lillehammer. Dort traf Brandt auf Kollegen von der »Norwegischen Volkshilfe«, einer humanitären Hilfsorganisation, als deren Sekretär er in Oslo seit 1939 gearbeitet hatte. Gemeinsam mit ihnen setzte er seine Flucht vor den vorrückenden deutschen Truppen durch das Gudbrandsdal in Richtung Norden fort. Als die norwegische Armee am 4. Mai eine Teilkapitulation für den südlichen und mittleren Teil des Landes erklärte, hatte Brandt das nördlich von Åndalsnes gelegenen Mittetdal erreicht. Hier saß er in einer gefährlichen Falle: Das Tal hatte nur einen Zugang und der wurde von den Eroberern kontrolliert. Doch in dieser bedrohlichen Lage kam ihm ein glücklicher Zufall zu Hilfe. Unter den versprengten norwegischen Soldaten, die sich in dem Tal aufhielten, traf er auf einen Bekannten aus Oslo: Den Grafiker Paul René Gauguin, einen Enkel des durch seine Südseedarstellungen bekannt gewordenen französischen Malers gleichen Namens. Gauguin stellte Brandt seine norwegische Armeeuniform zur Verfügung und kurz darauf landete dieser als vermeintlicher norwegischer Soldat in einem deutschen Kriegsgefangenenlager in Dombås. Seine Kriegsgefangenschaft blieb eine kurze Episode. Bereits vier Wochen später wurde er zusammen mit den meisten anderen norwegischen Kriegsgefangenen wieder entlassen und konnte – ausgestattet mit einem von der Wehrmacht ausgestellten Freifahrtschein – mit der Eisenbahn nach Oslo zurückkehren.

Für die kommenden Wochen nahm Brandt das Angebot eines Kollegen von der »Volkshilfe« an, sich vor den zu erwartenden Nachstellungen der deutschen Sicherheitsdienste in dessen Hütte bei Nærsnes am Westufer des Oslofjordes zu verbergen. In der Einsamkeit dieses Verstekkes reifte in ihm die Erkenntnis, dass es für ihn in Norwegen unter den gegebenen Umständen in absehbarer Zeit keine Möglichkeit geben würde, sich in irgendeiner Weise nützlich zu machen. Er fasste daher den Entschluss, sich nach Schweden abzusetzen, um seine Arbeit »für ein freies Norwegen und für ein demokratisches Deutschland«[22] von dort aus fortzusetzen. Ende Juni 1940 überquerte er zwischen dem norwegischen Bjørkelangen und dem schwedischen Skillingmark zu Fuß die Grenze zwischen beiden Staaten. Sieben Jahre nach seiner Flucht aus Deutschland hatte Brandt damit zum zweiten Mal seine Heimat verloren. Doch schon bald wurde ihm ein für seine weitere Zukunft nicht unbedeutender Trost zuteil: Am 26. Juli erteilte das Königliche Justiz- und Polizeiministerium der norwegischen Exilregierung in London der Gesandtschaft des Landes in Stockholm die Anweisung, dem von Abschiebung bedrohten staatenlosen Flüchtling (Brandt hatte seine deutsche Staatsbürgerschaft 1938 durch Ausbürgerung verloren) »fritas for gebyr« (gebührenfrei) die norwegische Staatsbürgerschaft zu verleihen. Urkunde und Pass wurden ihm am 2. August in der schwedischen Hauptstadt überreicht, in der er nun bis zum Ende des Krieges lebte und arbeitete. Die Norweger sollten keinen Anlass dazu bekommen, ihre Einbürgerungsentscheidung jemals zu bereuen. Als Mitarbeiter einer kleinen Presse-

[22] So Brandt im Vorwort zu »Norwegens Freiheitskampf 1940–1945« (Hamburg 1948)

agentur, die schwedische Zeitungen mit Nachrichten aus dem besetzten Nachbarland versorgte, wurde ihr neuer Mitbürger in den kommenden Jahren zu einem der wichtigsten publizistischen Vorkämpfer für die norwegische Sache im neutralen Schweden. Einige seiner Bücher aus jener Zeit mit Titeln wie »Kriget i Norge« (»Der Krieg in Norwegen«) oder »Norge fortsätter kampen« (»Norwegen kämpft weiter«) erschienen – in deutscher und englischer Übersetzung – sogar in der Schweiz und in den Vereinigten Staaten. Fünfzehn Jahre nach Kriegsende konnte er für diesen Einsatz die höchste Auszeichnung entgegennehmen, die das Königreich Norwegen für Verdienste um das Vaterland zu vergeben hat: Das Großkreuz des St.-Olavs-Ordens.

Gjøvik

Gjøvik, die erste Station auf dem Fluchtweg Willy Brandts, erhielt erst im Jahre 1861 Stadtrechte und ist heute mit etwa 18.000 Einwohnern die größte Ansiedlung am Westufer des Mjøsasees. Die beschaulich aber keineswegs verschlafen wirkende Ortschaft lebt von einigen kleineren Betrieben der Bekleidungs- und Metallindustrie (u.a. eine Angelhakenfabrik), vom Handel mit den in ihrer Umgebung erzeugten landwirtschaftlichen Produkten und zunehmend auch vom Fremdenverkehr. Ihren vielen hellgestrichenen Holzhäusern verdankt sie den Beinamen »Weiße Stadt am Mjøsa«. Zu besichtigen gibt es hier unter anderem eine für die Olympischen Winterspiele des Jahres 1994 mehr als 100 m tief in einen Berg hineingesprengte Eissporthalle mit Platz für 5.500

Zuschauer und eine im Rathaus untergebrachte Glaswarensammlung, die an die Vergangenheit des Ortes als bedeutendes Zentrum der Glasverhüttung erinnert. Der nicht ganz mühelose Aufstieg auf den Tranberg am nördlichen Stadtrand wird – entsprechendes Wetter vorausgesetzt – mit einem ungehinderten Rundblick über den mittleren Teil der Mjøsaregion belohnt.

Am Rande des Weges: Eidsvoll

Das am südlichen Ende des Mjøsasees gelegene kleine Industriestädtchen Eidsvoll lädt auf den ersten Blick nicht durch besondere Attraktionen zum Verweilen ein. Wenn sein Name gleichwohl jedem Norweger ein Begriff ist, so hat es diesen Grad an Bekanntheit dem ehemaligen Herrenhaus eines Eisenbarons zu verdanken, das etwa 5 km südwestlich des Ortszentrums zu finden ist. In diesem stattlichen Holzgebäude fand im Jahre 1814 ein Ereignis statt, dass das politische Leben des Landes bis zum heutigen Tage prägt. Am 10. April dieses Jahres kamen hier 112 Abgeordnete aus allen Bezirken Norwegens zusammen, um eine Verfassung für das Land auszuarbeiten. Nicht einmal sechs Wochen später, am 17. Mai, fand ihre Arbeit mit der Verkündung des norwegischen Grundgesetzes einen erfolgreichen Abschluss. Mit einer konsequenten Trennung von Gesetzgebung, Regierung und Rechtsprechung, der Übertragung der Gesetzgebung auf ein halbwegs demokratisch gewähltes Parlament (wahlberechtigt waren alle steuerzahlenden Männer ab Vollendung des 25. Lebensjahres) und der Garantie von Meinungs-, Presse- und Religionsfreiheit gehörte dieses Gesetzeswerk für lange Zeit zum Fortschrittlichsten, das Europa auf dem Gebiet des Verfassungswesens zu bieten hatte. Trotz zahlreicher Änderungen (so sind etwa seit 1913 auch die Norwegerinnen wahlberechtigt) hat das Grundgesetz von Eidsvoll seine Gültigkeit bis zum heutigen Tage bewahrt und wird von den Norwegern in hohen Ehren gehalten. Der Tag seiner Verkündung wurde zum Nationalfeiertag erklärt, der alljährlich mit farbenfrohen Umzügen fähnchenschwenkender Kinder begangen wird, und der Ort seiner Entstehung wurde als nationale Gedenkstätte der Öffentlichkeit zugänglich gemacht (Nahverkehrszug Oslo – Gardermoen – Eidsvoll bis Station »Eidsvoll verk«).

Hamar

Die Kleinstadt Hamar, die Willy Brandt über den zugefrorenen Mjøsasee erreichte, erlebte bereits im Mittelalter eine Blütezeit als Handelszentrum und Bischofssitz. Durch die Reformation und ihre Zerstörung durch schwedische Truppen verlor sie jedoch im 16. Jahrhundert ihre einstige Bedeutung. Erst das 19. Jahrhundert bescherte ihr mit dem Einsetzen der Industrialisierung, dem Beginn der Dampfschifffahrt auf dem Mjøsasee und dem Bau der Eisenbahn nach Oslo einen neuen Aufschwung. Heute ist die Gemeinde mit ihren 29.000 Einwohnern wirtschaftliches Zentrum und Verwaltungssitz des Regierungsbezirks Hedmark.

An dem an der Strandgata gelegenen Stadttheater erinnert eine Gedenktafel an eine Zusammenkunft des auf der Flucht vor den Deutschen befindlichen norwegischen Parlaments in diesem Gebäude am Nachmittag des 9. April 1940. Neben dem im Jahre 1868 geweihten Dom, der am östlichen Rand der Innenstadt zu finden ist, steht das im Jahre 1820 errichtete Geburtshaus der als Wagnerinterpretin zu internationaler Bekanntheit gelangten Sopranistin Kirsten Flagstad (ihr Porträt begegnet jedem Norwegenurlauber auf der Vorderseite der 100-Kronen-Banknoten), in dessen heute nicht mehr existierendem Hinterhof während der Besatzungszeit eine illegale Druckerei der norwegischen Widerstandsbewegung untergebracht war. Für einen Besuch der sonstigen Sehenswürdigkeiten der Stadt muss man sich etwas außerhalb ihres Zentrums begeben. Etwa einen Kilometer südlich des Bahnhofs trifft man auf die für die Olympischen Winterspiele des Jahres 1994 errichtete Eissporthalle mit ihrer einzigartigen Dachkonstruktion in Form eines kieloben liegenden Wikingerschiffs. Die Überreste der mittelalterlichen Domkirche sind genau in entgegengesetzter Richtung, etwa zwei Kilometer vom Bahnhof entfernt, auf einer in den Mjøsasee hineinragenden Landzunge zu finden. Zum Schutz vor ihrer weiteren Zerstörung durch Frost und Niederschläge (sauren Regen gibt es leider auch im Naturparadies Norwegen) wurden die vier noch erhaltenen Rundbögen der einstigen Südarkade des Bauwerks vor einigen Jahren mit einer gigantischen Glaskonstruktion in Form einer Kathedrale umhüllt, die auf gewöhnungsbedürftige doch durchaus ansprechende Weise mit den 800 Jahre alten Mauerresten des Gotteshauses kontrastiert. In unmittelbarer Nachbarschaft zu dieser Anlage lädt ein Freilichtmuseum mit mehr als 50 historischen Wohn- und Wirtschaftsgebäuden aus der Region Hedmark zu einer Besichtigung ein. Den glanzvollen Schlusspunkt der Museumsmeile am Seeufer setzt das sich hieran anschließende Norwegische Eisenbahnmuseum, das mit zahlreichen historischen Bahnhöfen, Bahnwärterhäuschen, Lokomotiven, Eisenbahnwagen, Draisinen und Schneepflügen einen anschaulichen Überblick über die Eisenbahngeschichte des Landes vermittelt. Ein Schmuckstück der Sammlung ist der im Jahre 1876 gebaute und mit einer edlen Inneneinrichtung ausgestattete »Königswagen«, der zuletzt König Haakon VII. als Salonwagen diente. In krassem Gegensatz zu dem hier gepflegten Luxus steht ein oben offener Personenwagen der IV. Klasse aus dem Jahre 1854, in dem sich die Passagiere mit Stehplätzen begnügen mussten. Zu sehen ist hier auch ein Exemplar der größten, stärksten und mit einem Betriebsgewicht von 153 Tonnen schwersten Dampflok, die je auf norwegischen Schienen zum Einsatz kam: Die speziell für den Schnellzugsverkehr über das Dovrefjell entwickelte »Dovregubben«. Die älteste Lokomotive im Bestand ist das im Jahre 1861 gebaute Dampfross »Caroline«. Das eisenbahngeschichtliche Kleinod ist noch voll betriebsfähig und wird gelegentlich auch für Sonderfahrten unter Dampf gesetzt. Im Wartesaal des historischen Bahnhofsgebäudes von Ilseng wird ein bedauernswertes Opfer des norwegischen Eisenbahnverkehrs in wenig pietätvoller Weise den Blicken der Öffentlichkeit preisgegeben: An der Wand hängt hier das ausgestopfte Vorderteil des von einer Lok erfassten Elchbullen »Helge«. Besonders bei Kindern beliebt ist eine Fahrt mit dem dampflokbespannten Kleinzug »Tertitten«, der gemächlich über das weitläufige Museumsgelände zuckelt. Hungrige und durstige Museumsbesucher haben die Möglichkeit, sich stilgerecht in einem Speisewagen der Bergenbahn aus dem Jahre 1911 zu verpflegen.

Für Willy Brandt sollte die Stadt am Mjøsasee, die er auf seiner Flucht durchquert hatte, in späterer Zeit eine damals noch nicht vorhersehbare Bedeutung bekommen: Aus Hamar stammt seine zweite Frau Rut, die er in Stockholm kennen gelernt und 1948 geheiratet hatte. Anfang der sechziger Jahre erwarb die Familie ein in der Nähe des Städtchens gelegenes Grundstück mit Holzhaus und verbrachte hier regelmäßig ihre Ferien. Im Sommer 1973 wurde der damalige Bundeskanzler hierbei von einem Referenten namens Günter Guillaume begleitet, dessen Enttarnung als Spion der DDR Brandt im Jahr darauf zum Rücktritt vom Kanzleramt veranlasste.

Elverum

Elverum, die nächste Station auf dem Fluchtweg Willy Brandts, wurde am 11. April 1940 durch einen Angriff der deutschen Luftwaffe weitgehend zerstört

Hauptstadt für einen Tag: Nach ihrer Flucht aus Oslo versammelte sich die norwegische Staatsführung in der Volkshochschule von Elverum und traf hier die Entscheidung, die Besetzung des Landes nicht ohne Widerstand hinzunehmen. Das kleine Provinzstädtchen, das sich bis dahin fernab von allen Kriegsschauplätzen wähnte, bezahlte hierfür mit seiner Verwüstung durch die deutsche Luftwaffe. Eine Gedenksäule erinnert an die damaligen Ereignisse.

und hat daher – abgesehen von den Überresten der spätmittelalterlichen Festung Christianfjeld und einer Holzkirche aus der ersten Hälfte des 18. Jahrhunderts – fast keine alte Bausubstanz aufzuweisen. Dafür kann das von der Glomma durchflossene und etwa 20.000 Einwohner zählende Städtchen mit zwei interessanten Museen aufwarten: Das Glomdals-Museum mit nahezu 100 historischen Gebäuden aus der Region und einer nicht nur für Mediziner sehenswerten medizingeschichtlichen Ausstellung sowie das Norwegische Forstwirtschaftsmuseum, das neben den Themen Holzgewinnung und Holzverarbeitung auch den Themen Jagd und Fischfang gewidmet ist. Wer sich bei der Besichtigung der hier zur Schau gestellten ausgestopften Exemplare dieser Tierart Appetit auf ein zartes Elchsteak geholt haben sollte, wird einen anschließenden Besuch in der am westlichen Stadtrand gelegenen und für ihre Wildspezialitäten landesweit gerühmten »Elgstua« in bleibender kulinarischer Erinnerung behalten. Die Volkshochschule der Stadt, in der am 9. und 10. April 1940 Geschichte geschrieben wurde (siehe das Kapitel »Unternehmen Weserübung«), liegt am nördlichen Stadtrand.

Nybergsund

Nybergsund, wo Willy Brandt für einige Tage in einer Hütte Zuflucht fand, liegt etwa 60 km nördlich von Elverum am Trysil-Fluss. In einem kleinen Park am Ufer dieses Gewässers steht an der Stelle, an der König Haakon VII. auf seiner Flucht im April 1940 einen Angriff durch Jagdflugzeuge der deutschen Luftwaffe unversehrt überstanden hat, eine Büste des Monarchen. Die nur wenig mehr als 300 Einwohner zählende Ortschaft ist Teil der Verbandsgemeinde Trysil, die sich selbst als »Hauptstadt der Wildnis« bezeichnet und als Eldorado des Outdoor-Tourismus gilt. Vom Angelkurs über die Elchsafari bis zur Wildwasserfahrt wird hier so ziemlich alles angeboten, was man sich an Freizeitaktivitäten in der norwegischen Natur vorstellen kann.

Lillehammer

Lillehammer, wo Willy Brandt auf seine Kollegen von der »Volkshilfe« traf, ist vor allem als Hauptaustragungsort der bereits im Zusammenhang mit Gjøvik und Hamar erwähnten Olympischen Winterspiele 1994 in den Blickpunkt der Weltöffentlichkeit getreten. Das 27.000 Einwohner zählende Städtchen ist Verwaltungssitz des Regierungsbezirks Oppland und lebt hauptsächlich vom Fremdenverkehr. Von Lillehammer aus hat auch eine der wichtigsten norwegischen Erfindungen ihren unaufhaltsamen Siegeszug durch die Küchen der Welt angetreten: Der Tischler Thor Bjørklund erfand hier im Jahre 1925 den Käsehobel. Die bedeutendste Sehenswürdigkeit der Stadt ist das von dem Zahnarzt Anders Sandvig im Jahre 1887 gegründete Freilichtmuseum »Maihaugen« mit mehr als 200 historischen Gebäuden aus dem nördlich von Lillehammer beginnenden Gudbrandsdal. Die Sammlung umfasst nicht nur Wohnhäuser und komplette

Bauernhöfe, sondern auch Schul- und Pfarrhäuser, Läden und Werkstätten und nicht zuletzt eine Stabkirche aus dem 12. Jahrhundert. Besonders lebhaft geht es auf dem ausgedehnten Museumsgelände in den Sommermonaten zu. Die Bauernhöfe sind dann teilweise bewohnt und bewirtschaftet, auf den Wiesen grasen Milchkühe, Schafe und Ziegen und in den Werkstätten demonstrieren Schmiede, Schreiner, Buchbinder und Angehörige anderer traditioneller Handwerksberufe ihre Kunst. An den Museumsgründer erinnert seine ehemalige Zahnarztpraxis, in der der Karies noch mit einem pedalgetriebenen Bohrer zu Leibe gerückt wurde. Neben »Maihaugen« hat Lillehammer noch zwei weitere interessante Museen zu bieten: Ein Kunstmuseum, in dem etwa 500 Werke der norwegischen Malerei der letzten zwei Jahrhunderte zu besichtigen sind, und das Norwegische Fahrzeugmuseum, in dem die Verkehrsgeschichte des Landes vom Pferdeschlitten bis zum Kraftfahrzeug dargestellt wird. Neben vielen anderen Kuriositäten, wie etwa einem Zwei-Personen-Auto mit hintereinander angeordneten Sitzen und Skiern als Vorderradersatz oder einem Ein-Personen-Auto mit dem bezeichnenden Namen »Egoist«, ist hier auch der bislang letzte Versuch einer eigenen norwegischen Automobilproduktion, der in den fünfziger Jahren des vorigen Jahrhunderts konstruierte und nur in 16 Exemplaren produzierte »Troll«, zu bewundern.

Der Mjøsasee

Gjøvik, Hamar und Lillehammer – alle drei zuvor beschriebenen Städte verbindet ihre Lage am Ufer des Mjøsasees. Mit einer Länge von 115 km, einer Breite von 17 km, einer Tiefe von bis zu 453 m und einer Wasseroberfläche von 368 km² (dies sind etwa zwei Drittel der Oberfläche des Bodensees) ist dieser größte Binnensee Norwegens Mittelpunkt einer durch ein mildes Klima verwöhnten fruchtbaren und wohlhabenden Kulturlandschaft. Die mit Abstand stil- und stimmungsvollste Möglichkeit, das Gewässer und seine Uferregionen in Augenschein zu nehmen, ist zweifelsohne eine Rundfahrt mit dem bereits seit 1856 auf seinen Wellen schaukelnden Schaufelraddampfer »Skibladner«, dem ältesten noch in Betrieb befindlichen Wasserfahrzeug dieser Art auf der Welt. Die Reise von Gjøvik über Hamar nach Lillehammer und zurück, auf der man sich nicht nur an der Landschaft satt sehen, sondern auch an dem traditionellen Bordmenü aus Lachs mit Kartoffeln und Gurkensalat und Erdbeeren mit Sahne satt essen kann, dauert etwa 10 Stunden. Uneingeschränkt zu empfehlen sind auch die angebotenen Abendkreuzfahrten mit Dixieland-Band, auf denen der Mjøsa mit ein wenig Phantasie zum Mississippi wird. Außerordentlich bedauerlich und bei der Reiseplanung zu bedenken ist allerdings der Umstand, dass der unverwüstliche Oldtimer nur während einer kurzen Sommersaison von Mitte Juni bis Mitte August im Einsatz steht.

Am Mjøsa: Seepanorama mit »DS Skibladner«.

Dombås

Die Gemeinde Dombås, in der die Flucht Willy Brandts in einem deutschen Kriegsgefangenenlager ihr vorläufiges Ende fand, zählt etwa 1.200 Einwohner und lebt vor allem von der Holzwarenindustrie. Darüber hinaus dient der Ort Naturliebhabern als Ausgangspunkt für Wanderungen und Fotosafaris in den nahe gelegenen Nationalpark Dovrefjell, in dem neben allerlei heimischen Getier vom Auerhuhn bis zur Wacholderdrossel und vom Berglemming bis zum Vielfraß auch eine Herde aus Grönland stammender und in den fünfziger Jahren des vergangenen Jahrhunderts hier angesiedelter Moschusochsen ein Refugium gefunden hat. Ausgangspunkt ist Dombås auch für die nach Åndalsnes führende Raumabahn, die sich mit ihrer Trassenführung durch das schluchtartig verengte Romsdal zu den landschaftlich interessantesten Bahnstrecken des Landes rechnen kann.

Åndalsnes

Die Gemeinde Åndalsnes, die Willy Brandt auf seinem Weg in das Mittetdal durchquerte, liegt auf einer Landzunge an der Mündung der Rauma in den Isfjord, einem Ausläufer des Romsdalsfjords. Ihr durch deutsche Luftangriffe im April 1940 weitgehend zerstörter Ortskern wurde nach dem Krieg im Stil der fünfziger Jahre wieder aufgebaut. Obwohl sie nur etwas mehr als 2.000 Einwohner zählt, ist die Ortschaft als Endstation der Raumabahn und einiger Fernbuslinien ein nicht unbedeutender Verkehrsknotenpunkt. Darüber hinaus haben sich neben der traditionellen Möbel- und Textilindustrie in den letzten zwei Jahrzehnten auch zahlreiche Reparatur- und Zulieferbetriebe für in der Nordsee stationierte Erdölplattformen hier angesiedelt. Aus touristischer Sicht ist Åndalsnes jedoch vor allem Mittelpunkt einer traumhaften alpinen Bergwelt. Nur wenige Kilometer vom Ortskern entfernt ragen zu beiden Seiten des Romsdals einige der steilsten Berge des Landes in den Himmel: Das 1.550 m hohe und in seiner Gestalt an das Matterhorn erinnernde Romsdalshorn und die bis zu 1.794 m hohen Trolltindene (Trollzinnen), deren fast senkrecht abfallende Felswand Extremkletterer aus aller Welt herausfordert. Auch wer an Freizeitaktivitäten mit Steigeisen und Pickel keinen Gefallen findet, wird sich der dramatischen Schönheit dieser Landschaft nur schwer entziehen können.

Abschied und Neubeginn

Nur wenige Tage nach der Kapitulation der Deutschen Wehrmacht am 8. Mai 1945 kehrte Willy Brandt nach Oslo zurück, wo er in der bereits erwähnten Pension »Themis« Quartier bezog. Er arbeitete weiterhin als Journalist und wartete ungeduldig auf eine Gelegenheit zu einer Reise nach Deutschland. Diese bot sich ihm schließlich im November 1945, als das »Arbeiderbladet« ihn mit der Berichterstattung über die in Nürnberg beginnenden Kriegsverbrecherprozesse beauftragte. In den folgenden zwei Jahren pendelte er – wohl nicht nur räumlich, sondern auch emotional – zwischen seinem ersten und seinem zweiten Vaterland. Erst im Herbst 1947 entschied er sich endgültig zu einer Heimkehr nach Deutschland, um für den Parteivorstand der SPD die Aufgabe eines Verbindungsmannes zu den Spitzen der Besatzungsmächte in Berlin zu übernehmen. »Die Sache ist nicht so einfach, als ob ich Deutschland statt Norwegen wählte. Es stellt sich mir so dar, dass ich für die Ideen, zu denen ich mich bekenne, etwas Aktiveres tun kann und muss, und dass ein solcher Einsatz gerade in diesem Land gefordert wird«, begründete er seine Entscheidung in einem Abschiedsbrief an den mit ihm befreundeten norwegischen Außenminister Halvard Lange.[23]

[23] Brandt, Willy: Draußen, 2. Aufl. (Berlin – Bonn-Bad Godesberg 1976), S. 353

Im Juli des folgenden Jahres erhielt Brandt seine deutsche Staatsangehörigkeit zurück, was den automatischen Verlust seiner norwegischen zur Folge hatte. Die Zeit seines Exils war damit auch aus amtlicher Sicht beendet.

Routenvorschlag

Für eine Rundreise durch Süd- und Westnorwegen auf den Spuren von Willy Brandt sollte man sich etwa zwei Wochen Zeit nehmen. Wer so viel freie Zeit nicht erübrigen kann, hat selbstverständlich auch die Möglichkeit, sich auf einzelne Ziele dieses Reiseführers zu beschränken und etwa ein verlängertes Wochenende in Oslo, Hamar oder Bergen zu verbringen. Eine Zeitersparnis von zwei Tagen kann auch dadurch erreicht werden, dass an Stelle der nachfolgend vorgeschlagenen Fähre zur Anreise nach Oslo das Flugzeug genutzt wird.

Willy Brandt hat niemals einen Führerschein besessen. Der folgende Routenvorschlag wurde daher für eine Reise mit öffentlichen Verkehrsmitteln konzipiert. Er eignet sich jedoch gleichermaßen auch für eine Reise mit dem PKW oder dem Wohnmobil.

Tag	Programm	Übernachtung
1	Anreise nach Kopenhagen mit der Bahn, von dort aus weiter nach Oslo mit der Fähre	Fähre
2	Ankunft in Oslo und Erkundung der Innenstadt	Oslo
3	Stadtrundgang »auf den Spuren von Willy Brandt«	Oslo
4	Erkundung der Museumsinsel Bygdøy	Oslo

5	Wanderung durch die Oslomarka	Oslo
6	Weiterfahrt nach Hamar mit der Bahn, dort Stadtrundgang sowie Besichtigung der Domkirchenruinen und Besuch des Eisenbahnmuseums	Hamar
7	Abstecher nach Elverum mit Bahn oder Bus, dort Besuch des Forstwirtschafts- und Glomdalsmuseums	Hamar
8	Am Vormittag nach Lillehammer mit der Bahn, dort Besuch des Freilichtmuseums »Maihaugen«. Am Nachmittag weiter mit dem Bus nach Gjøvik. Hier Stadtrundgang und am Abend mit dem Bus zurück nach Hamar.	Hamar
9	Weiterfahrt nach Åndalsnes mit der Bahn, hier umsteigen in den Bus nach Ålesund. In Ålesund (sehenswertes Stadtzentrum, das nach einer verheerenden Brandkatastrophe im Jahre 1904 komplett im zeitgenössischen Jugendstil wieder aufgebaut wurde) entweder am gleichen Abend weiter mit einem Schiff der »Hurtigrute« oder am nächsten Morgen mit dem Bus.	Schiff der »Hurtigrute« oder Hotel in Ålesund
10	Ankunft in Bergen	Bergen
11	Stadtbesichtigung Bergen	Bergen
12	Mit dem Katamaran durch den Sognefjord nach Flåm. Hier umsteigen in die Flåmbahn nach Myrdal und von dort aus mit der Bergenbahn zurück nach Bergen.	Bergen
13	Mit der Bergenbahn nach Oslo. Hier umsteigen auf die Fähre nach Kopenhagen.	Fähre
14	Ankunft in Kopenhagen. Von hier aus mit der Bahn zurück nach Deutschland.	

Wer mehr wissen möchte …

… über Reisen in Norwegen

Das Angebot an Reiseliteratur über Norwegen hat einen kaum noch überschaubaren Umfang erreicht. Die folgende Liste empfehlenswerter Reiseführer wurde vorrangig unter dem Gesichtspunkt einer hinreichenden Berücksichtigung der in diesem Buch angesteuerten Reiseziele zusammengestellt.

Polyglott Apa-Guide Norwegen
  Polyglott-Verlag
  21,95 Euro

ADAC-Reiseführer Norwegen
  Travel House Media
  8,99 Euro

DUMONT-Richtig Reisen Norwegen
  DuMont-Verlag
  24,95 Euro

Alexander Geh: Südnorwegen/Oslo – selbst entdecken
  Regenbogen Verlag
  16,80 Euro

Martin Schmidt: Südnorwegen
  Reise-Know-How-Verlag
  22,50 Euro

Ulrich Quack: Norwegen
Iwanowski-Reisebuchverlag
22,95 Euro

... über Norwegens Rolle als Asylland

Mit den Lebensbedingungen und der Arbeit deutsch-
sprachiger Flüchtlinge in Norwegen in der Zeit des
Nationalsozialismus hat sich der norwegische Histo-
riker Einhart Lorenz in einer 600 Seiten umfassenden
Monografie befasst, die 1992 unter dem Titel »Exil in
Norwegen« im Nomos-Verlag erschienen ist.

... über Willy Brandt in Norwegen

Über Willy Brandt wurde eine Vielzahl von Biogra-
fien veröffentlicht, die sich alle auch mit mehr oder
weniger großer Ausführlichkeit mit seinen Exiljah-
ren in Norwegen beschäftigen. Die jüngste und mit
einem Umfang von mehr als 900 Seiten umfang-
reichste Brandt-Biografie stammt aus der Feder des
früheren Fernsehjournalisten Peter Merseburger und
ist 2002 in der Deutschen Verlags-Anstalt erschienen. Bei dieser wie auch bei allen anderen Fremddar-
stellungen seiner Lebensgeschichte drängt sich allerdings der Eindruck auf, dass die dort mitgeteilten
Fakten über seine Exilzeit in Norwegen und Schweden im Wesentlichen auf den eigenen biografischen
Veröffentlichungen Brandts beruhen, weshalb man
am besten gleich zu dieser Informationsquelle grei-
fen sollte. Am ausführlichsten hat Brandt in seinen

Erinnerungen »Links und frei«, 1982 bei Hoffmann und Campe erschienen, über seine Jahre im norwegischen Exil berichtet. Auf eigenen Forschungen beruhende Erkenntnisse über die Asyljahre Brandts in Norwegen liefert lediglich der zuvor bereits erwähnte Historiker Einhart Lorenz in seiner 1992 im Neuen Malik Verlag erschienenen Monografie »Willy Brandt in Norwegen«. Eine Auswahl der wichtigsten Artikel, Reden und Briefe Brandts während seiner Emigrationszeit in Norwegen hat Lorenz in der 2002 im Dietz-Verlag erschienenen Dokumentation »Hitler ist nicht Deutschland« zusammengestellt.

... über Norwegen im Zweiten Weltkrieg

Über den Verlauf des deutschen Angriffs auf Norwegen im Frühjahr 1940 informiert ausführlich und anschaulich die von dem norwegischen Historiker Dirk Levsen verfasste und 2000 im Mittler-Verlag erschienene Monografie »Krieg im Norden«. Die Vorgänge um den Untergang der »Blücher« sind Gegenstand eines von Frank Binder und Hans H. Schlünz verfassten und 1996 unter dem Titel »Schwerer Kreuzer Blücher« im Ullstein-Verlag erschienenen Taschenbuches. Mit der deutschen Besatzungspolitik in Norwegen zwischen 1940 und 1945 befasst sich der deutsche Historiker Robert Bohn in einer 2000 unter dem Titel »Reichskommissariat Norwegen« im Oldenbourg-Verlag erschienenen Monografie. Wie der deutsche Angriff auf Norwegen und die Besetzung des Landes von der norwegischen Bevölkerung erlebt und empfunden wurde, ist in den 1992 unter dem Titel »Freundesland« im Verlag Hoffmann und Campe erschienenen Erinnerungen Rut Brandts zu erfahren. Schließlich ist auch Willy Brandts zeitgenössische Darstellung »Krieg in Norwegen«, 1942 im Europa Verlag Zürich erschienen, seit 2007 als Neuausgabe wieder auf dem Markt.

Norwegische geografische Begriffe

Bakke	Hügel
Bru	Brücke
Brygge	Schiffsanlegestelle/Kai
Dal	Tal
Elv	Fluss
Fjell	Berg/Gebirge
Fjord	Meeresbucht
Foss	Wasserfall
Gata	Straße
Gate	Straße
Gågate	Fußgängerzone
Hage	Garten
Haug	Hügel
Jernbanestasjon	Bahnhof
Li	Berghang
Lund	Hain
Marka	Außenbereich/Unbebaute Landschaft
Odde	Landzunge
Plass	Platz
Seter	Alm
Sti	Pfad/Fußweg
Tange	Landzunge
Tjern	(Wald)see
Topp	Gipfel
Torget	Markt(platz)
Vann	Wasser/Gewässer
Vatn	Wasser/Gewässer
Vei	Weg
Vidde	Hochebene
Vik	Bucht
Øy	Insel
Ås	Hügel

Danksagung

Frau Christina Modig danke ich für ihre bereitwillige Unterstützung im Kampf gegen Schreibfehler, Stilblüten und sonstige Unzulänglichkeiten des Manuskripts.